幼兒擊樂合奏

魏欣儀　汪雅婷　著

五南圖書出版公司 印行

魏 序

　　這些年從事音樂教育的工作，接觸了許多無音樂背景的學生；看著她們慢慢的學習成長，對音樂的瞭解由淺入深，進而欣賞音樂、親近音樂，都讓我有著很大的成就感。

　　在教學過程中，常驚訝的發現許多學生對音樂樂理知識其實是一知半解，更尤甚者，學習了錯誤的樂理知識。於是，興起了在本書中介紹基礎樂理知識的想法。雖然只是基礎的範圍，但希望能奠定讀者正確的樂理觀念，在從事音樂相關的活動時能得心應手，游刃有餘。

　　本書希望能讓幼保系學生、幼教老師、幼兒及兒童音樂工作者與對音樂教育工作有興趣的讀者學習基礎樂理，認識不同的打擊樂器以及操作使用方法，並以耳熟能詳的樂曲編排成可以表演的擊樂合奏譜供讀者使用，希望能符合讀者的需求。

　　非常感謝五南圖書出版公司的邀請及汪雅婷老師的合作，讓本書得以圓滿完成。也謝謝我的妹妹欣如，提筆畫了可愛的插圖；謝謝嘉勵義務幫忙畫出書中所有的鋼琴鍵盤圖及 LOGO 設計；謝謝凤瑩幫忙樂譜的編排，甚至大年初一還陪我修改。

　　最後，感謝我的父母與家人的精神支持，我愛你們！

魏欣儀

2021 年 11 月

汪 序

　　打擊樂是我的專長，也是我的愛好。自從接觸了打擊樂後，我便如得到救贖一般，找到了努力的方向與人生的意義。而能將打擊樂的知識與技巧介紹給他人更成了我的理想與使命。每次看到人們對打擊樂表示興趣，或者在打擊課堂上展現出笑容，都更加堅定我的信念：「打擊樂真是個好東西呀！」

　　寫書，則是我想做、覺得該做的事。在此要特別感謝五南圖書出版公司，以及好友魏欣儀這兩大助力。若不是他們的邀請，這個夢想還不知道何時才能實現！今天這本書要再版了，也要謝謝讀者們的支持啊！

　　一旦動起筆來，野心總是很大。想要介紹所有的打擊樂器；想要介紹所有的演奏方式；想要每首練習曲都短而精彩；想要每首合奏曲都具有藝術性；想要讀者不但會演奏，還會依照自己的需要編曲。寫著寫著，有的時候會忘記這本書其實叫做「『幼兒』擊樂合奏」。經過再三的檢視、修改，希望這最後的版本能符合讀者的實際需要。在這方面，當然也包括本書所有內容，都懇請各方人士給予指教。

汪雅婷

2021 年 11 月

目　錄

Chapter 1

音樂的要素

　　繪畫是視覺的藝術，建築是空間的藝術，而音樂，是在時間中流動的聽覺藝術。既然是聽覺藝術，「聲音」就是一個非常重要、不可忽視的基本要素；沒有聲音，音樂就不存在。音樂是在時間裡組織聲音的藝術，而組織聲音的方法可從音高、節奏、旋律、和聲、音色和力度來探討。

◉ 一、聲音（SOUND）

　　聲音的產生來自於物體的振動。無論是撥弦、用手拍桌子、用腳踩地或是用鼓棒敲鼓，皆會產生振動；這些振動經由空氣或其他媒介傳導到我們的耳朵，產生了聲音（圖 1-1）。

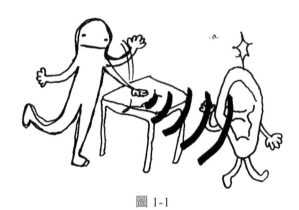

圖 1-1

繪圖者：魏欣如。

◉ 二、音高（PITCH）

　　當物體振動時會產生頻率，意思是每秒鐘振動次數的多寡；振動頻率（以下簡稱振頻）影響著聲音的高低。振頻快速會產生高音；反之，振頻

緩慢則產生低音。例如：現今管弦樂團調音使用的 A 音的振頻爲 442 赫茲（一秒鐘內振動 442 次），而比 A 音低一音的 G 音振頻大約爲 390 赫茲，振頻較 A 音慢了一些；比 A 音高一個八度的音則是 884 赫茲，振頻快了整整一倍。

西方音樂以 C、D、E、F、G、A、B（do、re、mi、fa、sol、la、si）七音爲基礎音高。C、D、E、F、G、A、B 稱爲「音名」，木琴及鐵琴等敲擊鍵盤樂器上標明之英文字母就是音名；do、re、mi、fa、sol、la、si 爲「唱名」，亦即平時唱歌時所使用的名稱。在圖 1-2 的鋼琴鍵盤中，可以很容易瞭解上述七音的相對高低位置；每一白鍵爲一音，愈往右邊，音高愈高，反之愈低。

圖 1-2

爲了要能辨識後續章節中樂譜所表達的音高爲何音，接下來介紹如何記載音高。

文字可以記錄及傳遞思想，讓人與人得以溝通，思想得以傳達；而音樂也需要被記錄及傳遞，因此有了記譜法的產生。從古至今，東、西方各有許多記譜法出現；例如：工尺譜、紐姆記譜法、數字簡譜、五線譜等。五線譜記譜法經過幾世紀的改良，至今已趨於成熟，世界通用；上文中提及的 C、D、E、F、G、A、B 七音在五線譜上皆有固定的位置。

　　五線譜由五條橫線組成，由下往上依序為第一線、第二線、第三線、第四線與第五線；線與線之間稱之為「間」，由下而上依序為第一間、第二間、第三間與第四間。樂音依照高低不同分別排列於線或間，位置愈高的音，代表其音高愈高。若樂音高於或低於五線譜可表達的範圍時，可往上或往下加線。

由音的位置判斷音的高低

圖 1-3

　　五線譜前方有譜號，最常見的是高音譜號和低音譜號；譜號非常重要，決定音的區域及音高位置。圖 1-4 的兩音皆位於第三線，如果前面是高音譜號，此音是為 B 音；如前面是低音譜號，則此音為低音 D。音的位置都在第三線，但因譜號不同，所代表的音高有很大的差別。

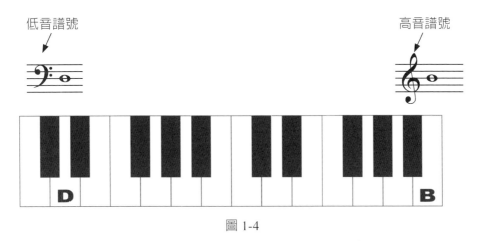

圖 1-4

　　圖 1-5 為 C、D、E、F、G、A、B 七音在高音譜號中央 C 位置開始的記譜位置。

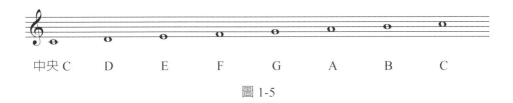

中央 C　　D　　　E　　　F　　　G　　　A　　　B　　　C

圖 1-5

　　高音譜號與低音譜號同時出現時，會用弧線把它們連結在一起，稱之為「大譜表」，常出現於鋼琴樂譜。

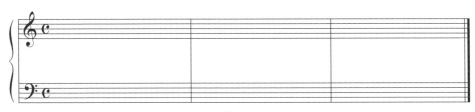

圖 1-6

　　樂器合奏通常包含超過兩種不同的樂器聲部,當樂譜涵蓋所有出現的樂器聲部,我們稱之為「總譜」。以打擊樂器合奏總譜之編排為例,通常上方為「有確定音高」之旋律性樂器,下方為「無確定音高」之節奏性樂器,並且按照聲音的高低由上往下排列。圖 1-7 上方為鐵琴與木琴等有確定音高之旋律性樂器,依照音域高低由上往下排列;下方為無確定音高之節奏性樂器,也是依照聲音高低由上往下排列。

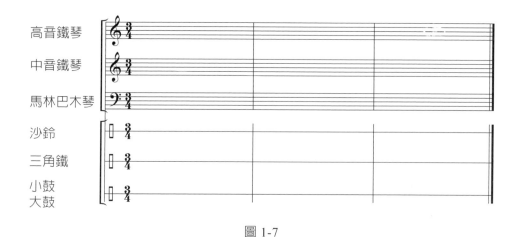

圖 1-7

　　打擊樂器包含了「有確定音高」與「無確定音高」兩種類型。有確定音高的樂器可以演奏出五線譜上標示的音高（C、D、E、F、G、A、B）,通常在合奏中擔任旋律及和聲的部分;無確定音高的樂器無法演奏確定的音高,通常擔任節奏性的部分及製造音響效果。因為無法演奏確定的音高,所以記譜時常使用節奏譜表。節奏譜號形狀為一長型方框或兩條平行縱向之直線,線譜則可使用一線或五線譜。圖 1-7 中的沙鈴、三角鐵、小鼓與大鼓的譜即為節奏譜表。

　　以下表 1-1 大致將有確定音高之打擊樂器及無確定音高之打擊樂器做整理:

表 1-1　打擊樂器的分類

有確定音高之打擊樂器	無確定音高之打擊樂器		
木琴	響木	大鼓	手鼓
鐵琴	響板	小鼓鑼	鑼
鐘琴	木魚	阿哥哥	鈸
馬林巴木琴	鈴鼓	馬蹄板	刮胡
管鐘	沙鈴	風鈴	撞鐘
定音鼓	手搖鈴	三角鐵……	

三、節奏（RHYTHM）

　　節奏是時間的律動。生活中到處都存在著節奏：大自然中的日升日落、潮汐變化、四季交替，遵循一定的節奏；我們的呼吸、心跳、甚至是走路，也都有一定的節奏。節奏有快有慢，古人很早就把這種特性發揮在音樂之中。許多民族音樂，如非洲鼓樂、鬼太鼓等，節奏占有很重要的地位。

　　節奏是音樂中非常重要的要素，是音樂在時間裡的律動。之前曾談過音樂是時間的藝術，而節奏就是主宰音樂如何在時間中流動的關鍵。節奏最基本的定義就是「長」和「短」（「慢」和「快」）。

　　我們在欣賞音樂時可以清楚的分辨出音值的長短；以大家都熟悉的兒歌「小星星」為例：

　　　　一閃一閃亮晶晶～
　　　　滿天都是小星星～

　　當我們唱到第一句的尾音「晶」時，明顯的會比第一句其他的音還要

長；同樣的，第二句的尾音「星」的音值也比其他的音值長。如此的「長」和「短」，構成了「節奏」，形成音樂在時間中的律動。

下面探討節奏裡重要的因子：拍子、音值（音長）、節拍及速度。

(一) 拍子（BEAT）

拍子是節奏中最基本的單位，平均、規律並重複的進行著，宛如時鐘的秒針一般。拍子在節奏中提供穩定的背景，我們常常會在聆聽音樂時不自覺地跟著音樂點頭、拍手或是腳踩地，其實就是在打拍子。

(二) 音值（音長）（VALUE）

在音樂中，拍子是固定的，而音值則是會有長短變化的。音值（音長）的計算單位通常是上文所提到的拍子，例如：一拍、兩拍或半拍……等。以下是兒歌「兩隻老虎」：

```
      兩  隻  老  虎  兩  隻  老  虎  跑  得  快      跑  得  快
拍子→  |  |  |  |  |  |  |  |  |  |  |  |  |  |  |  |
      一隻沒有眼 晴 一隻沒有尾 巴  真  奇  怪      真  奇  怪
拍子→  |  |  |  |  |  |  |  |  |  |  |  |  |  |  |  |
```

短直線代表拍子，平均、規律並且重複的進行。如演唱時以手指輕敲桌子來呈現拍子，應會發現一開始每個音正好是一拍的長度，唱到「快」時，音比較長，涵蓋了兩拍。而「一隻」、「沒有」的音值較短，每個字各是半拍，兩個字合起來是一拍的時間。

(三) 節拍 (METER)

在音樂進行中,有些拍子會被強調,稱為「強拍」,未被強調的拍子稱為「弱拍」。強拍與弱拍經由一定的規律循環重複,形成「節拍」。最常見的節拍為二拍子、三拍子及四拍子。

【二拍子】:一個強拍加上一個弱拍的組合,可以 1－2,1－2……來數拍子。

強	－	弱	－	強	－	弱	－	強	－	弱	－	強	－	弱	……	(拍子)
1	－	2	－	1	－	2	－	1	－	2	－	1	－	2	……	(數拍子)

【三拍子】:一個強拍後面跟著兩個弱拍的組合,可以 1－2－3,1－2－3……來數拍子。

強 － 弱 － 弱 － 強 － 弱 － 弱 － 強 － 弱 － 弱 － 強 － 弱 － 弱 …… (拍子)
1 － 2 － 3 － 1 － 2 － 3 － 1 － 2 － 3 － 1 － 2 － 3 …… (數拍子)

【四拍子】:四拍子中的第三拍為「次強拍」,組合為強拍、弱拍、次強拍及弱拍,可以 1－2－3－4,1－2－3－4……來數拍子。

強 － 弱 － 次強 － 弱 － 強 － 弱 － 次強 － 弱 － 強 － 弱 － 次強 － 弱 …… (拍子)
1 － 2 － 3 － 4 － 1 － 2 － 3 － 4 － 1 － 2 － 3 － 4 …… (數拍子)

活潑的樂曲與有精神的進行曲很多為二拍子,「小星星」、「快樂的向前走」都屬於二拍子樂曲。優雅的華爾滋與圓舞曲是三拍子樂曲常見的風格,「藍色多瑙河」、「媽媽的眼睛」皆是三拍子樂曲。四拍子的樂曲最為普遍,舉凡古典音樂、爵士樂、流行音樂與搖滾樂都有大量四拍子的樂曲。

　　我們以拍手表示「強拍」，拍膝代表「弱拍」，配合樂曲的進行，更容易能理解節拍的感覺。

「小星星」二拍子樂曲

一 閃	一 閃	亮 晶	晶	滿 天	都 是	小 星	星
強－弱	**強**－弱	**強**－弱	**強**－弱	**強**－弱	**強**－弱	**強**－弱	**強**－弱

掛 在	天 空	放 光	明	好 像	許 多	小 眼	晴
強－弱	**強**－弱	**強**－弱	**強**－弱	**強**－弱	**強**－弱	**強**－弱	**強**－弱

一 閃	一 閃	亮 晶	晶	滿 天	都 是	小 星	星
強－弱	**強**－弱	**強**－弱	**強**－弱	**強**－弱	**強**－弱	**強**－弱	**強**－弱

「布穀鳥」三拍子樂曲

布　穀	布　穀	快 快 布　穀
強－弱－弱	**強**－弱－弱	**強**－弱－弱　**強**－弱－弱

春 天 不 布　　穀	秋 天 沒 熟　　穀
強－弱－弱　**強**－弱－弱	**強**－弱－弱　**強**－弱－弱

布　穀	布　穀	朝 催 夜 促
強－弱－弱	**強**－弱－弱	**強**－弱－弱　**強**－弱－弱

「兩隻老虎」四拍子樂曲

（次強拍以**輕輕拍手**表示，力量弱於強拍）

兩　隻　老　虎	兩　隻　老　虎
強－弱－次強－弱	**強**－弱－次強－弱

跑		得		快			跑		得		快	
強	－	弱	－次強－	弱			**強**	－	弱	－次強－	弱	

一隻		沒有		眼		睛		一隻		沒有		尾		巴
強	－	弱	－次強－	弱				**強**	－	弱	－次強－	弱		

真		奇		怪			真		奇		怪	
強	－	弱	－次強－	弱			**強**	－	弱	－次強－	弱	

　　除了上述拍子類型，音樂中還有其他拍子存在，如「五拍子」、「六拍子」、「七拍子」等。而節奏的記譜法會在第二章詳細介紹。

（四）速度（TEMPO）

　　速度的概念是「快」和「慢」，是指拍子之間相隔時間的長短。速度快的樂曲通常帶有活力十足、精神抖擻、活潑快樂的感覺，而速度慢的樂曲通常會有抒情、平靜、嚴肅、悲傷的氣氛。

　　樂曲一開始通常都會有速度的指示；而指示的方法有兩類：⑴文字（如義大利文）速度術語；⑵節拍器的速度標示。義大利文的速度術語在古典音樂非常多見，標示音樂的相對速度，有些樂曲的樂章即是以速度術語為名稱。1816 年節拍器發明後，作曲家可以更準確的表達心中想要的速度。

　　常見的義大利文速度術語及其代表的意義整理如表 1-2。

　　要注意的是速度術語不是絕對的速度，它只是大概標明出速度的範圍是屬於快速的、中庸的、還是緩慢的，只要在合理範圍之內的速度呈現都是可被接受的。

　　1816 年梅智發明了節拍器，可以正確、絕對的顯示速度。節拍器上有許多數字，表示一分鐘內拍子的數量。例如「60」代表一分鐘有 60 拍，

表 1-2　速度術語及其意義

速度術語		意義
presto	快	急板
allegro		快板
allegretto		稍快板
moderato		中板
andantino		小行板
andante		行板
adagio		慢板
largo	慢	最緩板
accelerando（*accel.*）		漸快（→逐漸變化）
ritardando（*rit.*）		漸慢（→逐漸變化）
a tempo		回原來速度

換句話說，相當於一秒鐘一拍的速度。「120」表示一分鐘有 120 拍，速度較「60」快了一倍；而「30」表示一分鐘有 30 拍，速度較「60」慢了一倍。當然節拍器還有許多不同的數字，像「116」「72」「46」……等，各自代表了不同的速度。

　　自此以後，作曲家除了使用速度術語表示相對速度，也可以用節拍器精準的表達想要的速度。

四、旋律（MELODY）

　　旋律可以算是音樂中最容易被辨識，最容易被記住，也最容易引起共鳴的要素。常聽到有人說：「這首歌的旋律好好聽」，或「這首歌的旋律勾起我兒時的回憶」，在在都可以看出旋律對於欣賞音樂的重要性。

　　旋律就好像我們在說話時的句子一般，有明確的開始、進行方向與結束，這樣的旋律才會完整。

旋律包含了「音高」及「節奏」；由一系列水平方向進行的樂音，搭配著不同長短的音值而構成。

旋律中樂音呈現高低起伏變化，若把每個音連起來，就形成「旋律線」。不同的旋律會形成不同的旋律線；有些旋律線起伏較大，我們可說這段旋律的音域較廣；有些旋律線較為緩和，我們可說這段旋律音域較窄。

五、和聲（HARMONY）

旋律是水平的樂音進行，和聲則是重視垂直線條的樂音組織。旋律是一音接著一音輪流的出現，而和聲是超過兩個音同時出現發出聲音。所以，當旋律配上了和聲，音樂聽起來不再是單線條的，而是多層次的；有了和聲支持，旋律增添許多色彩，音樂變得更豐富。當歌手自彈自唱時，唱的是旋律，彈奏的是和聲；旋律有了和聲的襯托，音樂更有深度。

圖 1-8

和聲可從兩方面來探討，「音程」與「和弦」。

(一) 音程（INTERVAL）

音程是指兩音之間的距離，計算單位為「度」。就好比兩地之間的距離，可用 5 公里或 700 公尺來表示；而兩音之間的距離，通常會以 2 度、7 度……來表示。音程的度數是由兩音之間涵蓋的音高數量來決定，所以只要音高的概念清楚，音程的算法其實很簡單。如圖 1-9 所示，C－D 的

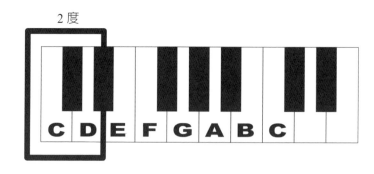

2 度

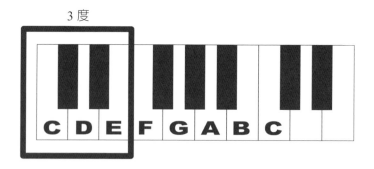

3 度

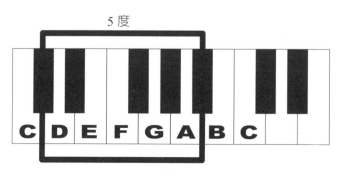

5 度

圖 1-9

音程爲 2 度，C－E 的音程爲「C－D－E」3 度，D－A 的音程爲「D－E－F－G－A」5 度……以此類推，計算時頭尾兩音皆須計算。而同音的音程爲 1 度。

㈡ 和弦（CHORD）

當三個音或多過三個音在譜上垂直排列、同時發聲，稱之爲和弦；三和弦是和弦的基礎。在音階中任選一音，往上加一個 3 度音和一個 5 度音，即可組成三和弦。三和弦中最底層的音是爲「根音」；中間的音與根音的音程爲 3 度，稱爲「三音」；而最高的音與根音的音程爲 5 度，稱爲「五音」。

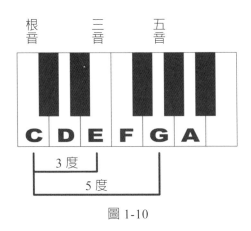

圖 1-10

有些和弦聽起來很穩定，是「和諧」的和弦；以音階的第一音爲根音的和弦──「主和弦」──最穩定也最有安定性，屬於「和諧」的和弦。而有些和弦屬於「不和諧」的和弦，聽起來較爲刺耳，有不安定、衝突的感覺，在音樂中扮演製造張力、戲劇性的重要角色。

音樂多數由主和弦開始，中間經由一連串和諧與不和諧的和弦，再以

主和弦結束。作曲家精心安排和弦組織，以期樂曲能色彩豐富、具多樣面貌及戲劇性。

六、音色（TIMBER/TONE COLOR）

　　音色是聲音的特質，讓我們能分辨出不同的聲音；在生活中，周遭充斥許多聲音，常常有分辨音色的機會。電話響起，如果是你熟悉的人打電話來，可能對方還沒報名字你就已經知道對方是誰。當我們聽到一首好聽但卻不知道是誰演唱的歌曲時，也可以藉由聆聽音色判斷出演唱者。

　　音樂中的音色是指不同樂器的聲音特質。當小提琴與鋼琴同時演奏時，應該可以清楚的聽出哪個聲音是小提琴，哪個聲音是鋼琴；而小喇叭與定音鼓同時演奏時，也應該很容易辨識出兩者的音色。

　　音色會受到樂器的材質、演奏方式及尺寸所影響。前面提到的小喇叭，是金屬材質的吹管樂器，而定音鼓是皮革材質的打擊樂器；不同材質且不同演奏方式，音色自然大不相同。小提琴與鋼琴，一個以弓摩擦弦發出聲響，為擦弦樂器；一個是敲奏鍵盤產生聲音，為敲擊樂器，也形成不同的音色。就算是同材質、同演奏方式的樂器，因為尺寸大小不同也會造成音色上厚薄程度不同的差異；例如小提琴與大提琴。

　　打擊樂器的材質豐富多樣，大致可區分為皮革類、木質類和金屬類（表1-3）。皮革材質的樂器通常有鼓皮，以手或鼓棒敲打鼓皮來發聲：大鼓、小鼓、手鼓皆屬於此類。皮革類樂器的音色適合雄壯有精神的進行曲。木質樂器以木頭為材質，聲音清脆乾淨為其特質；木琴、響板、木魚皆為此類。金屬樂器有銅、鐵、鋼等不同金屬材質，音色常帶有迴音延長的感覺：鑼、鈸、鐵琴為此類。

　　作曲家在譜寫音樂時，通常已在腦海中決定哪一種樂器的音色適合這段音樂，可以達到作曲家想要的氣氛效果。俄國作曲家普羅高菲夫（Prokofiev, 1891-1953）在管弦樂組曲「彼得與狼」中，巧妙地運用不同

表 1-3　打擊樂器材質分類

皮革類	木質類	金屬類
手鼓	木魚	手搖鈴
小鼓	響板	三角鐵
大鼓	響木	撞鐘
康加鼓	馬蹄板	鑼
邦哥鼓	刮胡	鈸
非洲鼓	馬林巴木琴	鐵琴
定音鼓	木琴	鐘琴
中國鼓……	……	管鐘……

樂器表現故事角色。長笛表示「小鳥」，雙簧管表示「鴨子」，單簧管表示「貓」，低音管表示「老爺爺」，弦樂表示「彼得」；這些樂器的音色與故事的角色相互配合，使音樂更加生動。

　　相同的旋律用不同的樂器來演奏，感覺會非常不同；某些音色可增強特定的情緒氣氛。英國作曲家布列頓（Britten, 1913-1976）為了介紹交響樂團裡的樂器而譜寫的「青少年管弦樂入門」，以一個主題發展出 13 段變奏；每一變奏由一種樂器演奏，速度、力度皆有些不同，以突顯樂器音色的不同特性及感覺。例如：長笛的輕快，雙簧管的吟唱，單簧管的詼諧，豎琴的夢幻，小號的精神飽滿……等不同樂器的音色，增強了各段音樂的特性與氣氛。

◉ 七、力度（DYNAMICS）

　　力度是指不同程度的音量強弱，與聲音的振幅有密切關聯。之前提到，聲音是物體振動經由空氣或其他媒介傳導到我們的耳朵而產生；物體振動幅度的大小決定聲音的強弱。若敲擊大鼓時用較大的力量，鼓面的振

動幅度相對也較大,這時聲音就會較大聲,換句話說,力度較強;若敲擊
大鼓時用較輕的力量,鼓面的振動幅度相對也較小,這時聲音就會較小
聲,換句話說,力度較弱(圖 1-11)。一首從頭到尾力度相同不變的樂曲
會讓人覺得缺少變化,作曲家在譜曲時會加入不同力度的安排。

　　力度的指示是以義大利文的術語及其簡寫,或是一些圖形符號來表
示。常用的力度指示整理如表 1-4。

圖 1-11

繪圖者:魏欣如。

　　漸強、漸弱符號代表逐漸的愈來愈強或愈來愈弱,重點是「漸進式」
的強弱改變過程而不是「立即的」強弱轉變。漸強的樂句容易製造音樂的
張力,而漸弱的樂句有回歸平靜的效果。重音符號代表此音比起周圍的音
相對大聲。重音符號及漸弱符號因形狀相似常會被誤認;如果符號標示在
特定的一音,為重音符號;如符號涵蓋兩個或兩個以上的音群,則是漸弱
符號。

表 1-4　力度術語及其意義

力度術語或符號		意義
pp	弱	甚弱
p		弱
mp		中弱
mf		中強
f		強
ff	強	甚強
cresc.（*crescendo*）		漸強
decresc.（*decrescendo*）		漸弱
dim.（*diminuendo*）		漸弱
$<$		漸強
$>$		漸弱
$>$		重音

圖 1-12

　　要注意的是，力度的指示不是絕對的而是相對的；同樣的力度記號在不同的樂曲中不一定是相同的強弱程度。

2 Chapter

基礎樂理知識

一、音符

　　音樂是由許多不同音值（音長）、不同音高的音組合而成；第一章的「節奏」一節中曾提到過音值（音長）的基本概念。平常計算時間的長短會使用「秒」、「分」等計量單位；而樂音時間的長短，則是以「拍子」為計算單位，有半拍、一拍、兩拍……等不同長短的音值。在五線譜記譜法裡，「音符」的形狀表示音值的長度；同時，音符在五線譜上的位置也可表示音高。

　　常見的音符有六種：全音符（whole note）、二分音符（half note）、四分音符（quarter note）、八分音符（eighth note）、十六分音符（sixteenth note）與三十二分音符（thirty-second note）。音符由符頭、符桿與符尾組成；全音符只有符頭，二分音符與四分音符有符頭及符桿，而八分音符、十六分音符與三十二分音符則是符頭、符桿與符尾皆具備。

全音符	𝅝 ← 符頭
二分音符	𝅗𝅥　𝅗𝅥 ← 符桿
四分音符	♩　♩
八分音符	♪　♪ ← 符尾
十六分音符	𝅘𝅥𝅯　𝅘𝅥𝅯
三十二分音符	𝅘𝅥𝅰　𝅘𝅥𝅰

圖 2-1

如有兩個以上的八分音符、十六分音符或三十二分音符一起出現時，常把符尾連在一起書寫以方便視譜。

圖 2-2

　　符頭在五線譜上的位置表示出此音的音高，符桿有向上及向下兩種寫法。當符頭位於五線譜第三線之上時，符桿向下書寫；當符頭位於五線譜第三線之下，符桿向上書寫；而當符頭正好位於五線譜第三線時，符桿向上與向下皆可。

圖 2-3

　　不過如果一個五線譜同時存在兩個聲部時，上聲部符桿向上，下聲部符桿向下，以方便辨識兩個不同的聲部。

圖 2-4

　　可能是因為翻譯用字的緣故，有些初學者會誤以為字面上數字愈大的音符代表較長的音值，其實正好相反，建議看原文會比較清楚音符真正的

意義。全音符的「全」（whole）為全部、完整之意，二分音符的「二分」
（half）是「二分之一」的意思，四分音符的「四分」（quarter）則是「四
分之一」，以此類推。如果把全音符想像成一整顆大蘋果，二分音符（二
分之一）是半顆蘋果，而四分音符（四分之一）則是四分之一顆蘋果。

全音符　　　　　　　　二分音符　　　　　　　　四分音符

圖 2-5

　　由此可知，自全音符以下，音值愈來愈短；而且每一種音符的音值都
是前一種音符的一半，是下一種音符的兩倍。如圖 2-6 所示，可看出這些
音符之間所代表的音值長度比例關係。

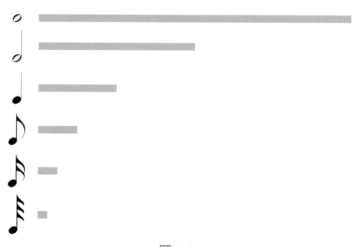

圖 2-6

◉ 二、休止符

　　音符的形狀表示出樂音的音值（音長），而休止符則表示「無樂音」時間的長短。一首樂曲有時不會從頭到尾都充滿著樂音，需要一些安靜無聲來做點綴；這些安靜無聲的片段可長可短，有時營造出舒緩、喘一口氣的氣氛，有時則是風雨之前的寧靜，準備醞釀出更激動的情緒。

　　常見的休止符有六種：全休止符（whole rest）、二分休止符（half rest）、四分休止符（quarter rest）、八分休止符（eighth rest）、十六分休止符（sixteenth rest）與三十二分休止符（thirty-second rest）。全休止符與二分休止符的外型相似（二分休止符像一頂帽子，全休止符像一頂倒轉的帽子），但在五線譜上的位置是不同的。全休止符的「帽沿」在五線譜第四線，「帽子」由第四線往下至第三間的一半；二分休止符的「帽沿」則是在五線譜第三線，「帽子」由第三線往上至第三間的一半。其餘的休止符位置在五線譜的中間；但如果有兩聲部，會跟隨聲部上下移動調整。請在圖 2-7 各休止符後方之空白處練習休止符的寫法。

　　休止符與音符名稱及涵義雖有不同，但其之間的比例關係是一致的。二分休止符與二分音符的長度相同，而四分休止符為二分休止符的一半長度，與四分音符的長度相同，以此類推。要特別注意的是，全休止符除了可以表示與全音符相同長度的休止之外，亦可表示整小節的休止。無論是哪種拍號的樂曲，若有整小節的休止，皆可以全休止符標示，休止的拍數即為拍號標示之一小節的拍數。（關於拍數及拍號請見本章「拍號」一節。）

全休止符

二分休止符

四分休止符

八分休止符

十六分休止符

三十二分休止符

圖 2-7

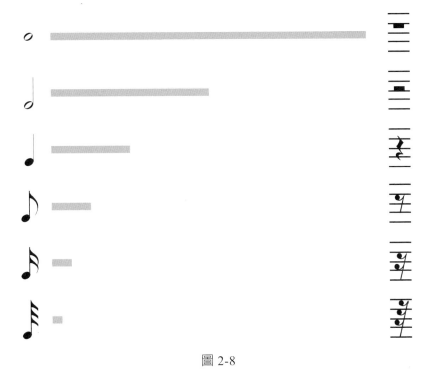

圖 2-8

◉ 三、音符的變化

　　到現在為止，介紹的音符之間的長度比例皆為兩倍關係；如果全音符的長度為四拍，則二分音符為兩拍，四分音符為一拍，八分音符為 1/2拍，十六分音符為 1/4 拍。但要如何表示三拍、一拍半、或是 1/3 拍等不是二倍數的音值呢？這時會把音符作一些變化，接下來逐一介紹。

(一) 附點音符

　　附點音符是於音符符頭的右側加上一點，代表增加此音符一半的長度。附點音符中最常見的為「附點二分音符」、「附點四分音符」及「附點八分音符」。

　　如圖 2-9 所示，二分音符加上附點，稱為「附點二分音符」；而附點二分音符的音長為「二分音符」的音長加上「四分音符」（二分音符的一半）的音長。如果二分音符的音長為兩拍，則附點二分音符的音長為 2 拍 + 1 拍 = 3 拍。

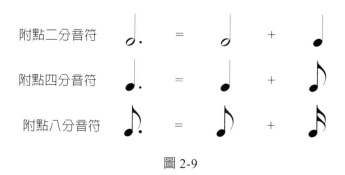

圖 2-9

　　四分音符加上附點是「附點四分音符」，音長為「四分音符」的音長加上「八分音符」的音長；如果四分音符的音長為一拍，則附點四分音符的音長為 1 拍 +1/2 拍 =1 又 1/2 拍（一又二分之一拍），另一種說法是一拍半。

　　八分音符加上附點是「附點八分音符」，音長為「八分音符」的音長加上「十六分音符」的音長；如果八分音符的音長為 1/2 拍，則附點八分音符的音長為 1/2 拍 +1/4 拍 =3/4 拍。

(二) 連結線

連結線為圓弧形的線；當它連起兩個音高相同的音符時，所代表的音長為此二音符長度的總和。如果四分音符為一拍，二分音符為兩拍，圖 2-10 中「二分音符」與「四分音符」的音以連結線相連是為 2 拍 + 1 拍 = 3 拍；當演奏此音時，不會分別演奏兩拍的音和一拍的音，而是演奏一個持續三拍的音。

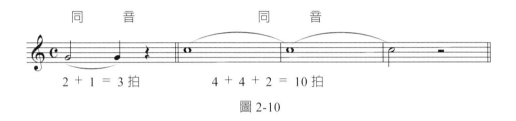

圖 2-10

有了連結線，音長的可能性延伸許多，有時會出現連結超過兩小節，總和超過十拍以上的音。

請注意，連結線只在相連兩個「音高相同」的音符之情況下才成立；如果有圓弧線相連兩個音高不同的音符，這不是連結線而是「**圓滑線**」，此時兩音照原本的音符長度演奏即可。圓滑線是指連貫、不中斷地演奏圓滑線內的音符，對音長並無改變的作用。

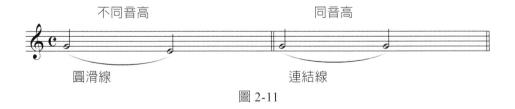

圖 2-11

(三) 三連音

當在一個拍子單位之中平均的演奏三個音時，稱之為「三連音」。常見的三連音以一拍為單位，把一拍平均分成三個音，每音為 1/3 拍。以四分音符為一拍為例，以一拍為單位的三連音寫法是把三個八分音符連在一起，上方或下方標明「3」；同理，如果二分音符為一拍，以一拍為單位的三連音寫法則是把三個四分音符連在一起，上方或下方標明「3」。

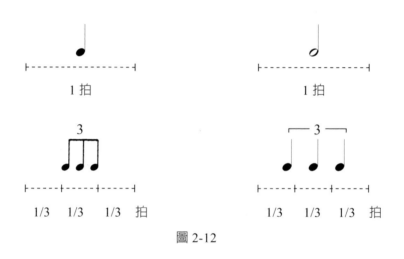

圖 2-12

其餘還有二連音、四連音、五連音……甚至十多個連音，因為比較複雜所以略過不談，但原理與三連音大致相同。

(四) 延長記號

當音符的上或下方出現 ⌢ 、 ⌣ 記號，表示此音符將會延長原本應有的音值；至於延長多少則視樂句的感覺而定。

四、休止符的變化

休止符的變化較少；雖然也有附點休止符，但不常使用。舉例來說，附點二分休止符的時值爲「二分休止符」的長度＋「四分休止符」（二分休止符的一半）的長度，但實際上比較常用一個二分休止符加上一個四分休止符來代替。

圖 2-13

如果休止符上或下方出現延長記號時，表示將會延長原本應有的無聲時值，而延長多少也需視樂句的感覺而定。

五、拍號

第一章的「節奏」一節中曾提到過「節拍」的概念：在音樂進行中，強拍與弱拍形成規律的組合循環重複，稱之爲「節拍」。而爲了視譜的方便，每一強弱拍組合以小節線來標示分隔，小節線與小節線之間的單位則稱爲小節。

小節　　　　　　小節線

【二拍子】　強－弱｜強－弱｜強－弱｜強－弱｜……

【三拍子】　強－弱－弱｜強－弱－弱｜強－弱－弱｜強－弱－弱｜……

【四拍子】　強－弱－次強－弱｜強－弱－次強－弱｜強－弱－次強－弱｜……

在樂譜中,「拍號」用來標示樂曲的節拍。拍號由兩個阿拉伯數字上下垂直排列;上面的數字表示每小節有幾拍,下面的數字表示哪一種音符為一拍。

圖 2-14

$\frac{4}{4}$拍子的拍號又可寫做 $\mathbf{C}$, $\frac{2}{2}$拍子的拍號又可寫做 $\mathbf{\textcent}$ 。

在圖 2-15 中,拍號 $\mathbf{C}$ 為 $\frac{4}{4}$ 拍子,表示四分音符為一拍,且每小節有四拍。若檢查第一小節的拍數,則第 1、2、3 音為四分音符,各為一拍;而第 4 與第 5 音為八分音符,各為半拍,所以第一小節有 1+1+1+1/2+1/2=4 拍,與拍號符合。

圖 2-15

以同理檢查最後一小節,第 1 音為二分音符,音長為兩拍;第 2 音為一拍(四分音符);接下來的四分休止符,表示需無聲一拍。所以最後一小節有 2+1+1(無聲)共 4 拍,也與拍號符合。請邊數拍子邊練習拍奏圖 2-15。

有些樂曲不一定從強拍(小節的第一拍)開始,此時第一小節的拍數會少於拍號所標示的拍數,是為「不完全小節」。而為了拍數的完整,第一小節與最後一小節的拍數總和應與拍號相符。如圖 2-16 所示,第一

小節有一拍，最後一小節便只能有三拍，兩者相加與拍號標示的拍數（四拍）符合。

圖 2-16

　　樂曲有時不會從頭至尾皆為相同拍號，而可能在中途有拍號的改變。樂曲拍號改變的位置需確實標明新的拍號提示。

　　在介紹「休止符」時曾提及，全休止符可表示整小節的休止。無論是哪種拍號的樂曲，若有整小節的休止，即可以全休止符標示；休止的拍數即為拍號標示之一小節的拍數。

休止 2 拍　　　　休止 3 拍　　　　休止 6 拍　　　　休止 6 拍　　　　休止 9 拍

圖 2-17

　　除了二、三、四拍子之外，還有許多拍子種類，例如五拍子、六拍子、七拍子、九拍子……等。因為本書樂譜無此類拍子所以不多做介紹。

◎ 六、音高

　　在打擊樂器合奏中，一般而言，無確定音高打擊樂器提供節奏性的律動，而有確定音高打擊樂器負責旋律性的線條；兩種類型的樂器各司其職，相輔相成，讓音樂更為豐富。前文講解了許多節奏方面的樂理知識，對瞭解並正確演奏出樂譜上音符的長度有很大的幫助；現在則要介紹音高

方面的樂理知識，以能夠正確地演奏出樂曲的旋律。

　　第一章的「音高」一節中曾大致介紹了一些音高及其在五線譜上的位置，現在要深入認識更大範圍的音域。C、D、E、F、G、A、B（do、re、mi、fa、sol、la、si）七音為西方音樂之基礎音高，這七音依照上述順序由低往高排列，到了第八音時，音名又回到「C」，接下來的音會照著相同的順序繼續往高排列。反之，從「C」音往低排列依循相反的方向；比「C」低一音為「B」，再低一音為「A」，以此類推，如此高低方向的伸展延伸出數個七音組合。

圖 2-18

　　此七音的音名雖不斷循環重複，但音高絕無重複。五線譜上位置較高的「C」和位置較低的「C」雖然音名（唱名）一樣，但實際上的音高不同；位置較高的「C」音高比位置較低的「C」高。就樂器演奏來說，不同音高的演奏位置也會有所不同。圖 2-19 是七音組合在五線譜上的位置，以及各音與鋼琴鍵盤的對照位置，可以明顯的看出同音名但不同音高的差異。

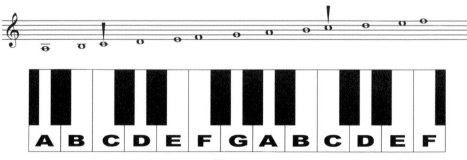

圖 2-19

第 2 章
基礎樂理知識

　　為了能正確無誤的演奏第四章擊樂合奏，現在來認識常使用的音高。圖 2-20 為高音譜表，常見音高從下加一線的中央 C 開始，一直到上加一線的 A，請記住五線譜上的每個位置代表的音高。

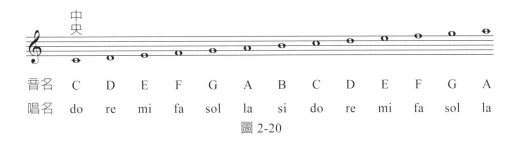

音名	C	D	E	F	G	A	B	C	D	E	F	G	A
唱名	do	re	mi	fa	sol	la	si	do	re	mi	fa	sol	la

圖 2-20

　　圖 2-21 為低音譜表。常見音高從第一線的 G 開始，一直到上加一線的中央 C，請記住五線譜上的每個位置代表的音高。

音名	sol	la	si	do	re	mi	fa	sol	la	si	do
唱名	G	A	B	C	D	E	F	G	A	B	C

圖 2-21

　　一般來說，中央 C 以上的音域，常使用高音譜表記譜；而中央 C 以下的音域則常用低音譜表來記譜。如果音高高於第五線的範圍，則會用上加線或上加間的方式來標示音高；如果音高低於第一線的範圍，則會用下加線或下加間的方式來標示。中央 C 附近的音高，可使用高音譜表或低音譜表來記譜。例如中央 C 可以記於高音譜表的下加一線，也可記於低音譜表的上加一線；比中央 C 高一音的 D，除了在高音譜表下加一間的位置外，也可標示於低音譜表上加二間的位置；比中央 C 低一音的 B，除

了在低音譜表上加一間的位置外，也可標示於高音譜表下加二間的位置。
雖然使用不同譜表記譜，但音高相同。

圖 2-22

在「音符」之中曾提到音符有兩個功用：標示音值的長度以及音高的
位置。以圖 2-23 來說，拍號的標示是四分音符為一拍。第一音為四分音
符，符頭位於中央 C，代表要演奏中央 C 正好「一拍」的長度。而二分音
符的符頭位於 G，所以 G 音需被演奏「兩拍」的長度。兩個八分音符的
符頭在 F 和 E，所以需演奏兩音各「半拍」。

圖 2-23

請使用節拍器練習圖 2-23（唱、彈或敲擊皆可）。

◎ 七、音高的變化

如果樂譜中音符的左邊出現♯或♭符號，則表示此音需升高或降低半
音，而不是原本的音高。♯符號為「升記號」，意義是將原本音高（又稱
「本位音」）升高半音；♭符號為「降記號」，是將本位音降低半音。C、

D、E、F、G、A、B 任何一音都可加上升降記號，記譜規則是一定要加在欲改變的音符的左邊，並且與音符的符頭位置相同。

升記號

降記號

圖 2-24

鋼琴鍵盤是最容易認識及判斷半音與全音的方式。鍵盤有白鍵與黑鍵交錯排列，任何兩個相鄰的琴鍵就是半音關係；例如：1 & 2、3 & 4、5 & 6 及 7 & 8。而兩個半音的距離為一個全音；例如：2 & 3、4 & 5。

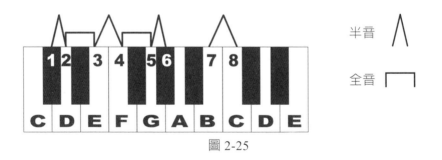

圖 2-25

G#表示將 G 音升高半音，所以鍵盤上 G#的位置如下圖所示：

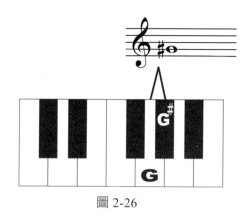

圖 2-26

D♭表示將 D 音降低半音，所以鍵盤上 D♭的位置如下：

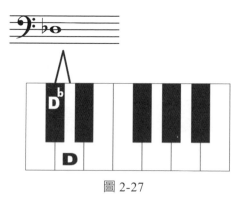

圖 2-27

　　對照鍵盤來看，有些音的音名雖不相同，但其實是同一音高，例如
G#與 A♭，或 C#與 D♭等，稱為「同音異名」。

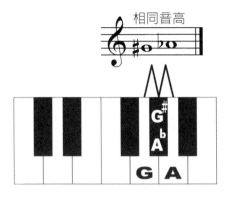

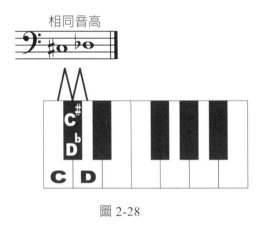

圖 2-28

「**還原記號**」♮可以將已升高或已降低的音回到本位音。圖 2-29 為
G♯與 G♮，D♭與 D♮的相關位置。

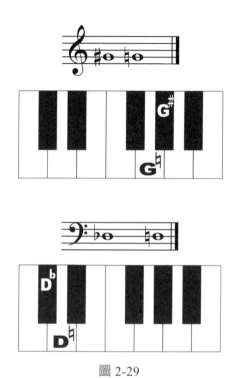

圖 2-29

　　升降記號及還原記號出現後同小節之內的同音皆有效，不過有效期限為一小節，下一個小節就失效。圖 2-30 中，第一小節 F 音左邊有升記號，代表此音為 F♯；因為升記號有效期限為一小節，所以同小節另一個 F 音雖無升記號標示，但實際上是加上升記號的 F♯。升記號超過一小節就失效，所以下一小節的 F 音是原來的本位音。第三小節第二個 B 音左邊有降記號，是為 B♭；但第一個 B 音位置在降記號出現之前，不受其影響，還是原本的 B 音。

圖 2-30

八、音階

將音高依照順序排列至其八度音高為止，稱之為音階。音階的種類繁多，有教會調式音階、西洋七聲音階、中國五聲音階、全音階、十二聲音階與半音階等。以下概略的介紹西洋七聲音階和中國五聲音階。

(一) 西洋七聲音階

西洋七聲音階是目前很普遍的音階型態，因為音階中含有七個不同的音，所以稱之為七聲音階。音階中的七個音根據所在位置以及功用而各有名稱：第一音「主音」，是音階的基礎音，最為重要；第二音「上主音」，第三音「中音」，第四音「下屬音」，第五音「屬音」，第六音「下中音」與第七音「導音」。

圖 2-31

「主音」是音階中最重要的音，具有穩定、安定的力量，會有一種吸引力讓樂曲回到主音結束。以唱兒歌「小星星」為例，如果停在倒數第二個「星」，會覺得樂曲沒有結束，要到最後一個「星」才有樂曲結束的安定感。

西洋七聲音階包含兩大類：大音階（大調）與小音階（小調）。一般來說，大音階的樂曲聽起來比較快樂、活潑，小音階的樂曲聽起來比較憂愁、悲傷。

1. 大音階（大調）

西洋七聲音階是從主音開始，以「全音－全音－半音－全音－全音－全音－半音」的規則排列的音階。主音可以是任一音高。若以「C」為主音，對照鋼琴鍵盤找到第二音是跟 C 音為全音關係的「D」，第三音是跟 D 音為全音關係的「E」，接著是與 E 音為半音關係的「F」，以此類推可排出 C－D－E－F－G－A－B－C 的音階。因為此大音階的主音為「C」，所以被稱為「C 大調」。

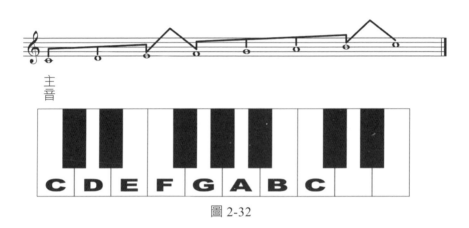

主音

圖 2-32

一個八度之中的十二個音（白鍵七音加黑鍵五音），每一音都可以作為音階的主音。現在請嘗試以「G」為主音寫出 G 大調音階。

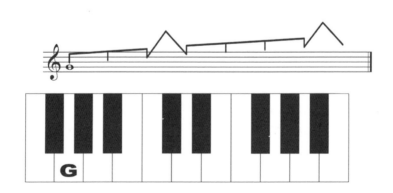

請注意，依照大音階的規則來排列，會發現 G 大調音階的第七音應為「F♯」，因為需與第六音 E 為全音關係。

解答

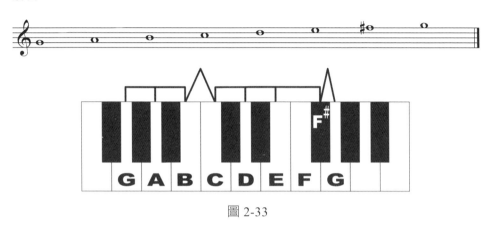

圖 2-33

現在請嘗試以「F」音為主音寫出 F 大調音階。

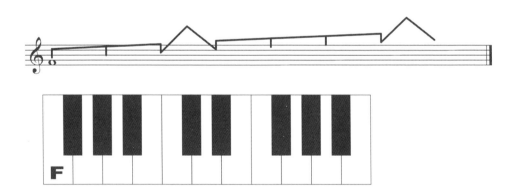

請注意，依照大音階的規則來排列，會發現 F 大調音階的第四音應為「B♭」，因為需與第三音「A」為半音關係。

解答

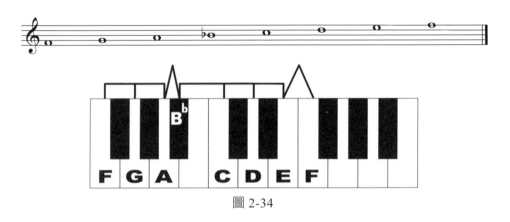

圖 2-34

　　無論是何音為主音的大音階，皆必須遵循上述的大音階音程規則。如此即使各大音階音高不同，但因結構一致，聽起來的感覺很類似。

2. 調號

　　由上可知，除了 C 大調之外，其餘的音階固定會有一個或數個不等的升記號或降記號的音。例如：G 大調有一個升記號的音「F♯」，D 大調有兩個升記號的音「F♯」與「C♯」，A 大調有三個升記號的音「F♯」「C♯」與「G♯」；F 大調有一個降記號的音「B♭」，B♭大調有兩個降記號的音「B♭」與「E♭」，E♭大調有三個降記號的音「B♭」「E♭」與「A♭」。

　　有升降記號的音階在記譜時如果每次都要在這些音符旁加上升降記號，譜面會很凌亂。為了記譜及讀譜的便利，會把這些升或降記號直接標明於每行五線譜的開頭部分，緊接在譜號的右邊，是為「調號」。樂曲中調號標示的音高，若無特殊指示，一律要按照調號升或降半音來演奏。舉例來說，G 大調固定有一個升記號的音「F♯」，如果於五線譜的開頭部分「F」音的位置標示升記號（高音譜號在第五線，低音譜號在第四線），是為調號，代表樂曲出現的 F 音全部要視為「F♯」。

調號

調號

圖 2-35

　　請注意，G 大調的調號「F♯」，並不是只有與調號相同位置的「F」音才需要升，而是指樂譜中所有的「F」音，不分高低，全部都是「F♯」。

＊這些 F 音都要 ♯

圖 2-36

　　在五線譜記譜法中，「譜號」、「調號」及「拍號」等記號會標明在樂譜一開始的地方。樂譜最前面的位置是「譜號」，接著是「調號」，再來就是「拍號」。拍號在樂譜一開始的地方出現後，要等到變換拍子時才

會出現新的拍號；譜號及調號則是在每行五線譜的最前面（最左邊）會出現，而新的譜號或調號變換也需清楚標示。

圖 2-37

3. 小音階（小調）

　　小音階的概念與大音階類似，但音程的排列規則不同，比大音階的規則複雜。小音階有三種類型：自然小音階、和聲小音階與旋律小音階，這三種小音階的音程排列規則略有不同。

　　自然小音階各音之間的距離依照順序為「全音－半音－全音－全音－半音－全音－全音」；以下是以Ａ音為主音寫出的自然小音階「Ａ小調」。

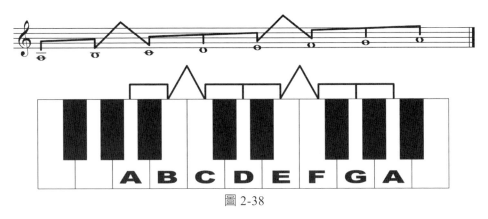

圖 2-38

A 小調沒有升降記號，與 C 大調相同；我們稱 C 大調與 A 小調互為「關係調」。

現在請嘗試以「E」音為主音寫出 E 小調自然小音階。

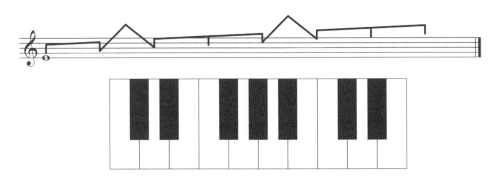

E 小調有一個升記號「F♯」，與 G 大調相同，互為關係調。

解答

請嘗試以「D」音為主音寫出 D 小調自然小音階。

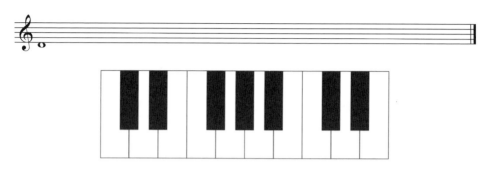

解答

　　每個小音階都會有一個與它調號相同的大音階，我們將這兩者稱為「關係調」。關係調大小音階的主音相差「小三度」；小音階主音比大音階主音低小三度。例如 C 大調和 A 小調，G 大調和 E 小調，F 大調和 D 小調等。

　　以下附上各大小調音階之主音與調號一覽以供參考。

圖 2-39

以下為 A 小調 自然小音階、和聲小音階與旋律小音階以供參考。

自然小音階

和聲小音階

旋律小音階

圖 2-40

(二) 中國五聲音階

世界上各民族皆有自己的傳統音樂與音階形式，而各民族音階形式形成的樂曲風格各有不同。中國傳統音樂常見五聲音階的樂曲，這類樂曲的風格有濃濃的中國味，讓人一聽就可認出為中國傳統音樂。

中國五聲音階是指音階含有五個不同的音，依序排列為「宮、商、角（ㄐㄩㄝˊ）、徵（ㄓˇ）、羽」，各音之間的音程是固定的。其中宮音和角音固定為「大三度」是重要的特徵；其餘各音之間的音程依序為：「宮－商」大二度，「商－角」大二度，「角－徵」小三度，「徵－羽」大二度，「羽－宮」小三度。以中央 C 為宮音，依序排列如下：

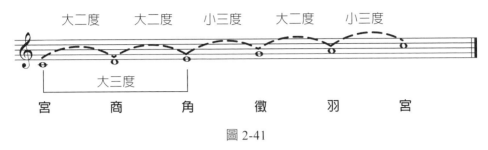

圖 2-41

在中國五聲音階的樂曲中，主音決定音階的調式。主音是樂曲的中心音，旋律會大致繞著主音進行，並且於主音結束。主音如果是商音，為商調式；如為羽音，則為羽調式。現在試著判斷中國五聲音階的調式：

茉莉花

圖 2-42

圖 2-42 可依下列步驟分析其調式：

1. 確定樂曲為五聲音階

「茉莉花」旋律由八個音組成，八個音之中有一些音名相同但音高不同的重複音，所以真正不同的音有五個：EGACD。

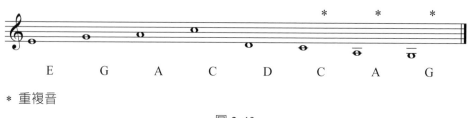

E　　G　　A　　C　　D　　C　　A　　G

＊ 重複音

圖 2-43

2. 以主音為首排列五音

主音（結束音）為 G，把上述五音以 G 為首重組排列成音階。

主音

圖 2-44

3. 找出宮、商、角、徵、羽五音

宮音和角音（跳過商音）為大三度是中國五聲音階重要的特徵：「C－E」為大三度，因此可知 C 音為宮音，E 音為角音。而其餘商、徵、羽音可依序推算。

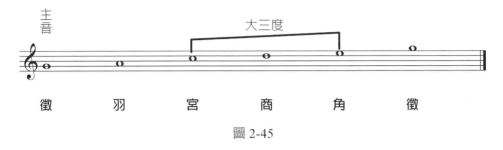

圖 2-45

4.主音決定音階的調式

主音爲徵音，因此「茉莉花」爲徵調式。且若仔細觀察樂曲中每一樂句的結尾音（例如第 4、8、12 小節的二分音符），會發現它們也都爲 G（徵音），因此更加確定此曲爲徵調式。

現在試著判斷「虹彩妹妹」的調式：

虹彩妹妹

圖 2-46

1.確定樂曲爲五聲音階

旋律由八個音組成，而扣除音名相同但音高不同的重複音，真正不同的音有五個：AGEDC。

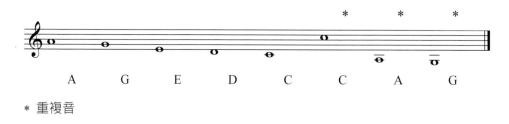

A   G   E   D   C   C   A   G

＊ 重複音

圖 2-47

2. 以主音爲首排列五音

主音（結束音）爲 A，把上述五音以 A 爲首重組排列成音階。

主音

圖 2-48

3. 找出宮、商、角、徵、羽五音

「C－E」爲大三度，因此可知 C 音爲宮音，E 音爲角音。而其餘商、徵、羽音可依序推算。

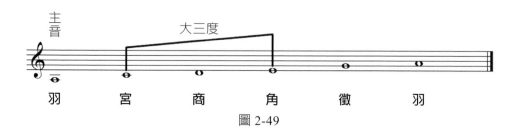

羽   宮   商   角   徵   羽

圖 2-49

4. 主音決定音階的調式

主音為羽音，因此「虹彩妹妹」為羽調式。

由「茉莉花」及「虹彩妹妹」的例子可發現，兩首樂曲的宮音相同但主音不同。雖然兩首樂曲的宮音同為「C」，但前者結束在徵音，後者結束在羽音，故形成不同調式，也呈現不同的樂曲風格。

九、反覆記號

樂曲中如有需要重複演奏的片段，為了寫譜的方便，常會使用反覆記號來代替重複書寫。反覆記號有很多類型，以下就常見的幾種類型做介紹。

最簡單的反覆記號如圖 2-50 所示，雙小節線（又稱雙縱線）的左側或右側加上兩個圓點。圓點在雙小節線的左側表示此處之前的樂曲需反覆演奏；圓點在雙小節線的右側表示從此處開始反覆演奏。圖 2-67 的正確演奏順序從第 1 小節演奏至第 6 小節，接著從第 3 小節開始反覆至第 6 小節為止（演奏之小節順序 1－2－3－4－5－6－3－4－5－6）。

圖 2-50

如果只有圓點在雙小節線的左側之反覆記號，但此處之前並無圓點在雙小節線的右側之反覆記號，則表示應從樂曲開始的地方反覆。圖 2-51 的正確演奏順序從第 1 小節演奏至第 8 小節，接著從第 1 小節開始反覆至第 8 小節為止（演奏之小節順序 1－2－3－4－5－6－7－8－1－2－3－4－5－6－7－8）。

圖 2-51

　　有時反覆不會跟第一次完全相同，可能結尾的部分有所變化，這時會用加上「1」、「2」（俗稱一房、二房）的反覆記號來標示。如圖 2-52，從第 1 小節演奏至第 4 小節的反覆記號，接著從第 1 小節開始反覆演奏；但這次反覆跳過小節「1」，直接進行至小節「2」（演奏之小節順序 1－2－3－4.1－1－2－3－4.2）。

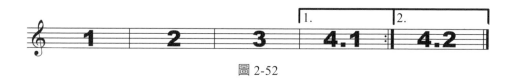

圖 2-52

　　另外有些反覆記號是用義大利文術語來標示。D.C. 或 Da Capo 是 Da Capo al Fine 的縮寫，意思為「從樂曲開始的地方反覆至 Fine 為止」。Fine 是義大利文，為「結束」的意思；許多人會誤將它當成英文的 Fine（好、佳），其實應該是英文 Finish 的意思。當樂曲演奏至標有 D.C. al Fine（D.C. 或 Da Capo）的小節時，需從頭反覆至標有 Fine 的地方為止。圖 2-53 正確的演奏順序從第 1 小節演奏至第 8 小節，接著從第 1 小節開始反覆至第 4 小節為止（演奏之小節順序 1－2－3－4－5－6－7－8－1－2－3－4）。

Fine　　　　　　　　　　　　　　　　　　　*D.C. al Fine*

圖 2-53

D.S. 是 *Da Segno al Fine* 的縮寫，意思為「從標示 𝄋 符號的地方反覆至 *Fine* 為止」。所以當樂曲演奏至標有 *D.S. al Fine*（D.S.）的小節時，需從 𝄋 符號反覆至標有 *Fine* 的地方為止。圖 2-54 正確的演奏順序從第 1 小節演奏至第 8 小節，接著從第 2 小節反覆至第 6 小節為止（演奏之小節順序 1－2－3－4－5－6－7－8－2－3－4－5－6）。

圖 2-54

另有一種變化是 *Da Capo al Coda* 或是 *Da Segno al Coda*。*Coda* 的中文是「尾奏」，是樂曲最後要結束時的部分；*Coda* 的符號是 ⊕。*Da Capo al Coda* 是指當樂曲從頭反覆演奏時遇到符號 ⊕，需跳到下一個 ⊕ 符號（有時會標明 *Coda*）繼續演奏至結束。圖 2-55 正確演奏順序從第 1 小節演奏至第 6 小節，接著從第 1 小節反覆至第 3 小節，直接跳到第 7 小節繼續演奏至結束為止（演奏之小節順序 1－2－3－4－5－6－1－2－3－7－8－9－10）。

圖 2-55

而圖 2-56 *Da Segno al Coda* 的演奏順序從第 1 小節演奏至第 8 小節，接著從第 3 小節反覆至第 5 小節，直接跳到第 9 小節繼續演奏至結束為止（演奏之小節順序 1－2－3－4－5－6－7－8－3－4－5－9－10）。

圖 2-56

　　圖 2-57 的符號在合奏譜中常出現，表示此小節和前一小節完全相同，照著前一小節演奏即可。

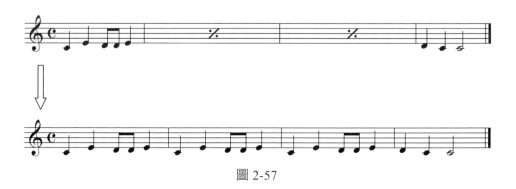

圖 2-57

3 Chapter

樂器介紹

打擊樂器種類繁多，變化豐富。每一樣打擊樂器的音色、外觀、演奏方式各有不同，因此進入打擊樂的世界便如同進入一充滿色彩與想像的童話王國一般。

各個樂器依其特性的不同，可能負責節奏、旋律或製造音響效果等不同的工作。更有些樂器除了音樂演奏用途外，還與舞蹈配合，成為舞者的道具，讓舞者可以一邊跳舞一邊發出聲響。

以下將打擊樂器依「小型西洋節奏樂器」、「西洋鼓及鈸」、「中國打擊樂器」及「鍵盤打擊樂器」等類別分項介紹。除了介紹每一種樂器的演奏方式外，亦有簡單的樂曲供技巧練習。另外還有關於樂器聲響所做的勾選表，目的為幫助讀者更深入地瞭解各個樂器的特性。最後一節則為打擊棒的介紹，讓讀者在打擊棒的選擇和使用上更有概念。

一、小型西洋節奏樂器

㈠ 三角鐵

三角鐵為西洋打擊樂中常見的金屬小樂器。其演奏方式如下。

1. 拿法

左手掌心向下，食指套入吊線中。中、無名、小指在外，大拇指在內，可自由開合抓緊或離開三角鐵上端。為此建議吊線調整為兩指寬度。

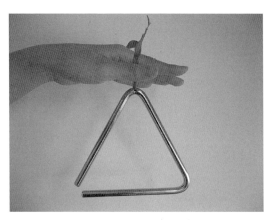

圖 3-1　三角鐵拿法

2.敲擊方式

　　右手食指彎曲，與大拇指輕握三角鐵棒。以與三角鐵平面呈 45°之角度敲於偏離中央之位置。注意左手勿碰觸到樂器。

圖 3-2　三角鐵敲擊方式

3. 止音

敲擊後,以左手抓住三角鐵上端,止住三角鐵的聲音。

圖 3-3　三角鐵止音方式

4. 輪音

輪音指的是快速地連續敲擊,讓密集的單點聽起來有如一長音。演奏三角鐵輪音時如 2. 的方式握棒,將手腕放鬆,在三角鐵內側快速輕搖三角鐵棒,即可產生一持續長音。

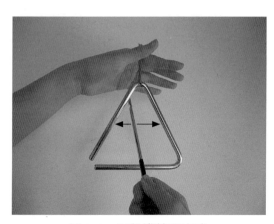

圖 3-4　三角鐵輪音方式

5. 悶音

原理同止音，惟在敲擊時即已將三角鐵抓住，則發出悶、短的聲音。

圖 3-5　三角鐵悶音敲擊方式

6. 樂曲練習

音符處以一般敲法演奏，休止符處為止音。 表示輪音。

樂器聲響特性勾選表：

音頭：□極清楚　□清楚　□中等　□不太清楚　□幾乎沒有

音長：□極短　□稍短　□適中　□稍長　□極長

音量：□吵死了　□頗大聲　□適中　□微弱　□幾乎聽不見

音域：□偏高　□偏中　□偏低

擊樂合奏

其他特性：

☐清脆 ☐夢幻 ☐活潑 ☐可愛 ☐輕快

☐震撼 ☐莊嚴 ☐柔美 ☐雄壯 ☐溫馨

☐有精神 ☐嘹亮 ☐熱情 ☐有趣 ☐尖銳

我覺得這個樂器：

☐適合打大拍子 ☐適合打快節奏 ☐適合當主旋律

☐適合當伴奏 ☐適合作音效

(二) 鈴鼓

　　鈴鼓為西洋音樂中常見樂器，亦為許多民族喜用之舞蹈樂器。以下為鈴鼓之幾種基本演奏方法。若將之善作運用及變化，可於演奏、舞蹈、遊戲等各方面得到很好的發揮。

1. 拿法

　　左手握住鈴鼓邊框，手指不要插入邊框孔內。（孔的功用乃將鈴鼓架在打擊架上時，讓螺絲穿過並鎖緊之用。）

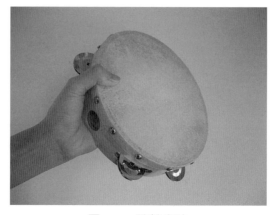

圖 3-6　鈴鼓拿法

64

2. 敲擊方式

鈴鼓敲擊方式繁多，富於變化，這裡舉幾種較常見者為例：

(1) 關節

右手握拳，以食、中、無名及小指第一關節敲擊鈴鼓面。此種方式通常敲於鼓心或稍偏離鼓心處，且音量較大。

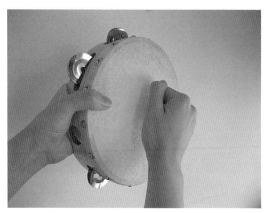

圖 3-7 以關節敲奏鈴鼓

(2) 指尖

以右手食、中或無名指尖敲擊。此種方式通常敲於鼓邊，且音量較弱。鼓面必須與地面平行，以利鈴片振動。必要時可將掌根置於鼓面上，使音量更弱。

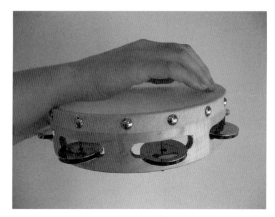

圖 3-8　以指尖敲奏鈴鼓

⑶ 雙手

當節奏快至無法以單手敲奏時，可將一腿架起，並將鈴鼓翻面，鼓面抵於膝蓋上，手臂幫助鈴鼓保持平衡，雙手手指交替拍於鼓框上，即可演奏較快之節奏。

圖 3-9　以雙手敲奏鈴鼓

3. 輪音

以下爲幾種鈴鼓的輪音方式：

(1) 一般輪法

將鈴鼓舉起，手掌左右轉動，造成持續長音。若需一明顯音頭（即長音開始時有明顯的起點），可在輪音前先以手敲擊一下鼓面。

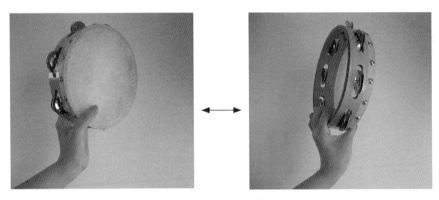

圖 3-10　鈴鼓一般輪法

(2) 平行輪法

將鈴鼓舉起，手腕放鬆，以垂直鼓面方向來回輕搖，並避免 (1) 輪法的粗暴折返方式，儘量使樂器保持連續的波動，形成一綿密的持續長音。

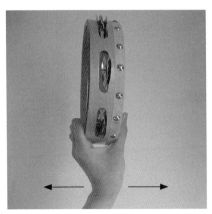

圖 3-11　鈴鼓平行輪法

擊樂合奏

(3) 拇指輪法

　　右手大拇指抵於鼓面靠邊處，鼓面與地面呈約 15° 角。將大拇指順著鼓的圓周往前推，利用摩擦力發出輪音。此種方式必須確保鈴鼓面的粗糙，拇指也需稍微濕潤（汗水或口水皆可）方能順利產生輪音。

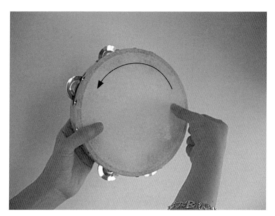

圖 3-12　鈴鼓拇指輪法

4. 樂曲練習

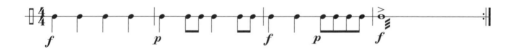

　　大聲處可以指關節敲打，小聲處可以指尖敲打。輪音選擇一般輪法即可，在輪音前以關節加一音頭便可做出重音。

樂器聲響特性勾選表：

音頭：□極清楚　　□清楚　　　□中等　□不太清楚　□幾乎沒有
音長：□極短　　　□稍短　　　□適中　□稍長　　　□極長

音量：□吵死了　　□頗大聲　　□適中　　□微弱　　　□幾乎聽不見

音域：□偏高　　　□偏中　　□偏低

其他特性：

　　　□清脆　　　□夢幻　　□活潑　　□可愛　　□輕快

　　　□震撼　　　□莊嚴　　□柔美　　□雄壯　　□溫馨

　　　□有精神　　□嘹亮　　□熱情　　□有趣　　□尖銳

我覺得這個樂器：

　　　□適合打大拍子　　□適合打快節奏　　□適合當主旋律

　　　□適合當伴奏　　　□適合作音效

(三) 沙鈴

　　沙鈴為拉丁美洲常用節奏樂器，由一內裝沙質顆粒之空心球體（以下稱為球體）及一握柄組成。除用於演奏音樂外，亦常配合節奏做出舞蹈（或耍寶）動作。

1. 拿法

雙手握住沙鈴握柄，食指伸出抵住球體。

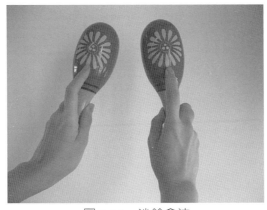

圖 3-13　沙鈴拿法

2. 演奏方式

運用手腕，以倏然出手，倏然止住的方式將沙鈴於空中點擊。伸出的食指可幫助手腕施力。依需要雙手可交替或同時進行。節奏過快時可將沙鈴敲於大腿上。

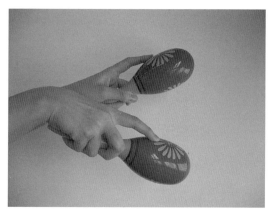

圖 3-14　沙鈴演奏方式

3. 輪音

將沙鈴垂直向下或向上持拿，繞動手腕以轉圈方式使球體內的顆粒沿壁滑行，發出細碎的長音。

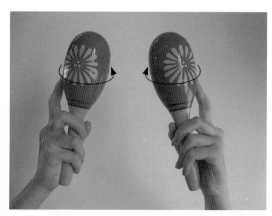

圖 3-15　沙鈴輪音方式

4.樂曲練習

依節奏以左右手交替演奏。若需較大音量可以雙手同時進行。

樂器聲響特性勾選表:

音頭：□極清楚　　□清楚　　　□中等　　□不太清楚　　□幾乎沒有

音長：□極短　　　□稍短　　　□適中　　□稍長　　　　□極長

音量：□吵死了　　□頗大聲　　□適中　　□微弱　　　　□幾乎聽不見

音域：□偏高　　　□偏中　　　□偏低

其他特性：

　　　　□清脆　　□夢幻　　□活潑　　□可愛　　□輕快

　　　　□震撼　　□莊嚴　　□柔美　　□雄壯　　□溫馨

　　　　□有精神　□嘹亮　　□熱情　　□有趣　　□尖銳

我覺得這個樂器：

　　　　□適合打大拍子　　□適合打快節奏　　□適合當主旋律

　　　　□適合當伴奏　　　□適合作音效

㈣ 木魚

　　木魚為一種內部中空，外身開有裂縫之木頭樂器。中國木魚外觀較具造型，西洋木魚則較簡單。在教學上亦有附柄之木魚，方便持拿。木魚可單個使用，或將大小不同之數個集合為一組。

1. 拿法

有柄之木魚可直接以手持拿。中國木魚可以握於樂器後端扁平處。若置於桌面或地上，則最好在底部襯以軟墊。若有木魚架，則可將數個木魚架起成為有高低音的木魚組。

2. 敲擊方式

依需要可以鼓棒、木頭硬槌或橡皮軟槌敲擊。持棒時保持大拇指與食指支點之輕鬆及穩定，並從手腕施力。打點應落在木魚開裂口的一側，方能得到最有效的共鳴。

圖 3-16　木魚之拿法及敲擊方式

3. 輪音

木魚之輪音需要以兩手完成——左右手各持一打擊棒，快速交替打在樂器上。此技巧需要長時間練習，有興趣者不妨嘗試。

4. 樂曲練習

樂器聲響特性勾選表：

音頭：☐ 極清楚　　☐ 清楚　　☐ 中等　　☐ 不太清楚　　☐ 幾乎沒有

音長：☐ 極短　　☐ 稍短　　☐ 適中　　☐ 稍長　　☐ 極長

音量：☐ 吵死了　　☐ 頗大聲　　☐ 適中　　☐ 微弱　　☐ 幾乎聽不見

音域：☐ 偏高　　☐ 偏中　　☐ 偏低

其他特性：

☐ 清脆　　☐ 夢幻　　☐ 活潑　　☐ 可愛　　☐ 輕快

☐ 震撼　　☐ 莊嚴　　☐ 柔美　　☐ 雄壯　　☐ 溫馨

☐ 有精神　☐ 嘹亮　　☐ 熱情　　☐ 有趣　　☐ 尖銳

我覺得這個樂器：

☐ 適合打大拍子　　☐ 適合打快節奏　　☐ 適合當主旋律

☐ 適合當伴奏　　☐ 適合作音效

（五）木塊

　　木塊與木魚原理相同。打擊時以所需之棒槌敲擊於有裂口之一側，輪音方式亦同。若需以手持拿，則將手掌放平，將樂器平放於掌上。切勿緊抓樂器，影響共鳴。

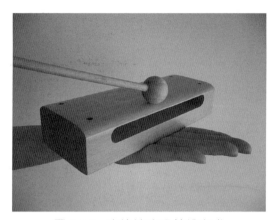

圖 3-17　木塊持法及敲擊方式

樂曲練習

樂器聲響特性勾選表：

音頭：□極清楚　□清楚　□中等　□不太清楚　□幾乎沒有

音長：□極短　□稍短　□適中　□稍長　□極長

音量：□吵死了　□頗大聲　□適中　□微弱　□幾乎聽不見

音域：□偏高　□偏中　□偏低

其他特性：

　　　□清脆　□夢幻　□活潑　□可愛　□輕快

　　　□震撼　□莊嚴　□柔美　□雄壯　□溫馨

　　　□有精神　□嘹亮　□熱情　□有趣　□尖銳

我覺得這個樂器：

　　　□適合打大拍子　□適合打快節奏　□適合當主旋律

　　　□適合當伴奏　□適合作音效

74

㈥ 雙頭（高低）木魚

與木魚或木塊原理相同，但因為有高低二音，故可以做音高的變化。

1. 拿法

左手持樂器底部之握柄，將木魚開口朝上。

2. 敲擊方式

右手持敲擊棒，敲於木魚開口邊緣處。

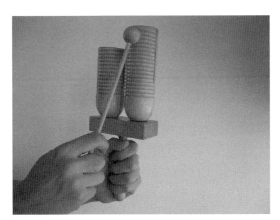

圖 3-18 雙頭木魚拿法及敲擊方式

3. 樂曲練習

依記譜之高低位置對應樂器之高低音。高音為較小之木魚，低音為較大之木魚。

樂器聲響特性勾選表：

音頭：□極清楚　□清楚　□中等　□不太清楚　□幾乎沒有

音長：□極短　□稍短　□適中　□稍長　□極長

音量：□吵死了　□頗大聲　□適中　□微弱　□幾乎聽不見

音域：□偏高　□偏中　□偏低

其他特性：

　　　□清脆　□夢幻　□活潑　□可愛　□輕快

　　　□震撼　□莊嚴　□柔美　□雄壯　□溫馨

　　　□有精神　□嘹亮　□熱情　□有趣　□尖銳

我覺得這個樂器：

　　　□適合打大拍子　□適合打快節奏　□適合當主旋律

　　　□適合當伴奏　□適合作音效

(七) 響板

　　響板為西班牙舞蹈之代表性樂器，因體積小，操作簡易，聲音響亮，在音樂教學方面亦有其應用上的方便性。一般響板由兩片厚木或塑膠片組成，拿於手中演奏。若其中一木片有粒狀突起物，則該木片置於下方。另亦有桌上型響板（又稱馬蹄板）及附柄之演奏型響板。

1.敲擊方式

⑴只拿一個響板時，則直接放於攤平的手掌上，以另一手拍擊即可。

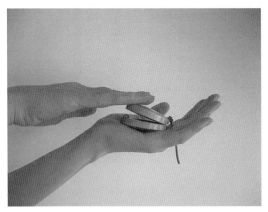

圖 3-19　只拿一個響板時之敲擊方式

⑵ 雙手各拿一個時，則將響板上之鬆緊帶套於中指上，響片部分置
　　於掌心處，以手掌開合的方式拍擊。

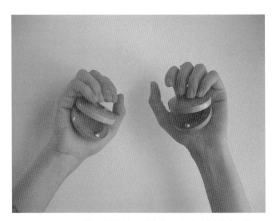

圖 3-20　雙手各持一響板時之敲擊方式

⑶ 桌上型響板則僅需將樂器置於桌上，直接以手拍打即可。

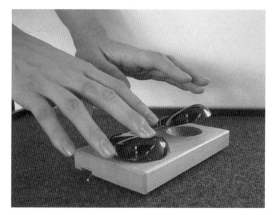

圖 3-21　桌上型響板之敲擊方式

2. 樂曲練習

樂器聲響特性勾選表：

音頭：☐極清楚　☐清楚　☐中等　☐不太清楚　☐幾乎沒有

音長：☐極短　☐稍短　☐適中　☐稍長　☐極長

音量：☐吵死了　☐頗大聲　☐適中　☐微弱　☐幾乎聽不見

音域：☐偏高　☐偏中　☐偏低

其他特性：

☐清脆　☐夢幻　☐活潑　☐可愛　☐輕快

☐震撼　☐莊嚴　☐柔美　☐雄壯　☐溫馨

☐有精神　☐嘹亮　☐熱情　☐有趣　☐尖銳

我覺得這個樂器：

☐適合打大拍子　☐適合打快節奏　☐適合當主旋律

☐適合當伴奏　☐適合作音效

(八) 響木

響木為拉丁美洲之重要節奏樂器,由兩根長圓柱狀木頭組成。

1. 拿法

左手虛握,調整手指位置形成一共鳴箱。將一根響木平放架於此共鳴箱上,接觸點應在靠近響木兩端處,並避免手指與樂器接觸面積過大或過度緊抓樂器。

圖 3-22　響木之持法

2. 敲擊方式

右手拿另一根響木之一端,敲在置於共鳴箱上之第一根響木上。敲擊位置應偏離中點,並避開與手部接觸之架置點,方能得到最好的共鳴。

圖 3-23　響木之敲擊方式

3. 樂曲練習

樂器聲響特性勾選表：

音頭：□極清楚　□清楚　□中等　□不太清楚　□幾乎沒有

音長：□極短　□稍短　□適中　□稍長　□極長

音量：□吵死了　□頗大聲　□適中　□微弱　□幾乎聽不見

音域：□偏高　□偏中　□偏低

其他特性：

　　　□清脆　□夢幻　□活潑　□可愛　□輕快

　　　□震撼　□莊嚴　□柔美　□雄壯　□溫馨

　　　□有精神　□嘹亮　□熱情　□有趣　□尖銳

我覺得這個樂器：

　　　□適合打大拍子　□適合打快節奏　□適合當主旋律

　　　□適合當伴奏　□適合作音效

㈨ 手搖鈴

手搖鈴在某些民族舞蹈或幼兒律動中是很好的道具，在音樂中也時常發揮增加氣氛或點綴的效果。

1. 拿法

依樂器上握柄的凹凸形狀，將手輕輕包覆於其上。

圖 3-24　手搖鈴拿法

2. 敲擊方式

可直接將手在空中點擊，振動鈴鐺；或兩手上下對敲，增加音頭之清晰度及音量強度。若配合舞蹈動作，則可在姿勢上作各種發揮。

圖 3-25　將兩手搖鈴對敲之方式

3. 輪音

手持樂器並不停搖動使鈴噹持續作響即可。

4. 樂曲練習

加重音之音符必須強調音頭。

樂器聲響特性勾選表：

音頭：☐極清楚　☐清楚　☐中等　☐不太清楚　☐幾乎沒有

音長：☐極短　☐稍短　☐適中　☐稍長　☐極長

音量：☐吵死了　☐頗大聲　☐適中　☐微弱　☐幾乎聽不見

音域：☐偏高　☐偏中　☐偏低

其他特性：

　　　　☐清脆　☐夢幻　☐活潑　☐可愛　☐輕快

　　　　☐震撼　☐莊嚴　☐柔美　☐雄壯　☐溫馨

□有精神　□嘹亮　■熱情　□有趣　□尖銳

我覺得這個樂器：

□適合打大拍子　□適合打快節奏　□適合當主旋律

□適合當伴奏　□適合作音效

㈩ 牛鈴

牛鈴為拉丁美洲常見樂器，可單個使用，亦可將大小不同之數個集合為一組。

1. 拿法

左手平放，將牛鈴置於其上。為避免掉落，可輕輕握住樂器，然切勿緊抓，以免影響共鳴。亦可將之置於鋪有襯墊之桌面或地上。若為數個一組，則可以牛鈴架架起。

牛鈴開口可依需要朝向外或向內。向外則音量較易傳向觀眾；向內則較方便演奏輪音。因此，需要較大音量且不需演奏輪音時建議使用前者，反之則建議使用後者。

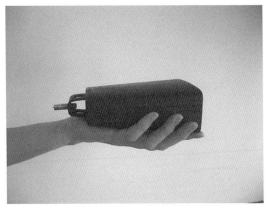

圖 3-26　牛鈴持法（開口向外）

圖 3-27　牛鈴持法（開口向內）

2.敲擊方式

　　一般敲擊方式為以鼓棒斜敲於開口處。若需較弱音量，可以棒尖輕點於牛鈴上端，越遠離開口處則音量越弱。

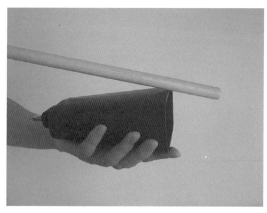

圖 3-28　牛鈴一般敲擊方式

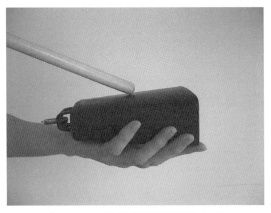

圖 3-29　牛鈴弱音量敲擊方式

3. 輪音

將鼓棒伸進牛鈴中攪和，即可得一持續長音。

圖 3-30　牛鈴輪音演奏方式

4. 樂曲練習

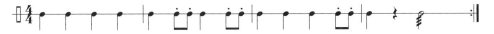

加斷奏之音符（箭頭上方有一點者，表示音較短、輕）表示弱音，
其他則為一般音量。

樂器聲響特性勾選表：

音頭：□極清楚　□清楚　　□中等　　□不太清楚　□幾乎沒有

音長：□極短　　□稍短　　□適中　　□稍長　　　□極長

音量：□吵死了　□頗大聲　□適中　　□微弱　　　□幾乎聽不見

音域：□偏高　　□偏中　　□偏低

其他特性：

　　　□清脆　　□夢幻　　□活潑　　□可愛　　□輕快

　　　□震撼　　□莊嚴　　□柔美　　□雄壯　　□溫馨

　　　□有精神　□嘹亮　　□熱情　　□有趣　　□尖銳

我覺得這個樂器：

　　　□適合打大拍子　□適合打快節奏　□適合當主旋律

　　　□適合當伴奏　　□適合作音效

(十一) 阿哥哥鈴

阿哥哥鈴與牛鈴原理相同，差別僅在於爲一大一小之兩個一組，因此可以敲擊出高低音的音型。

1. 拿法

一手持於連結兩個鈴的鐵桿處，大鈴在下，小鈴在上。

2. 敲擊方式

與牛鈴相同，將鼓棒斜敲於開口處。此樂器較少弱音量的敲擊法。

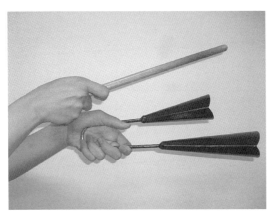

圖 3-31　阿哥哥鈴拿法及敲擊方式

3. 樂曲練習

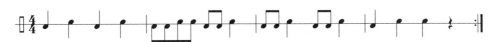

樂器聲響特性勾選表：

音頭：□極清楚　　□清楚　　□中等　　□不太清楚　　□幾乎沒有

音長：□極短　　□稍短　　□適中　　□稍長　　□極長

音量：□吵死了　　□頗大聲　　□適中　　□微弱　　□幾乎聽不見

音域：□偏高　　□偏中　　□偏低

其他特性：

　　　　□清脆　　□夢幻　　□活潑　　□可愛　　□輕快

　　　　□震撼　　□莊嚴　　□柔美　　□雄壯　　□溫馨

　　　　□有精神　　□嘹亮　　□熱情　　□有趣　　□尖銳

我覺得這個樂器：

☐ 適合打大拍子　　☐ 適合打快節奏　　☐ 適合當主旋律

☐ 適合當伴奏　　　☐ 適合作音效

(十二) 手鼓

　　人的雙手必然地比鼓棒靈巧，因此手鼓可說是變化最為豐富的一種樂器。一般民族性或演奏型手鼓體積較龐大，重量較沉重，成本也較昂貴。幸而在教學上所使用之手鼓構造簡單，操作方便，在課堂上可以得到廣泛的應用。

1. 拿法

　　手鼓依不同需要，可使用以下不同拿法：

　⑴ 左手抓鼓框，如同拿鈴鼓一般的拿法。

圖 3-32　手鼓拿法 ⑴

(2) 左手手掌朝上，虎口打開。鼓面朝前，將下端鼓框放置掌上。大
　　拇指由後方扣住鼓框，前四指由前方輕輕扶住鼓面。

圖 3-33　手鼓拿法 ⑵（前視圖）

圖 3-34　手鼓拿法 ⑵（後視圖）

⑶ 將鼓平放於膝上。此種拿法適用於較重的手鼓,否則在敲擊過程
中樂器容易在膝上亂跳。

圖 3-35　手鼓拿法 ⑶

⑷ 將鼓直立,抵於膝上。一手置於上方保持鼓的平衡,另一隻較自
由的手在側邊進行主要的演奏。

圖 3-36　手鼓拿法 ⑷

2. 敲擊方式

以下僅介紹幾種常用的或較簡易的手鼓打法，可配合以上拿法作變化：

⑴ 手掌——將整隻手朝鼓面揮打，打到鼓後隨即放鬆，莫讓手指貼緊鼓面。可嘗試手指併攏與張開兩種音色，惟兩者皆須保持手指輕鬆微彎。可配合不同拿法以單手或雙手敲擊。

圖 3-37　手鼓敲擊方式——以手掌敲擊，手指張開

圖 3-38　手鼓敲擊方式——以手掌敲擊，手指併攏

⑵ 手指——原則同 ⑴，惟僅一隻手指接觸鼓面。利用第二關節附
  近之指肉打在靠鼓邊的地方，較易發出聲音。此種打法產生之音
  量較小，音高則較高。

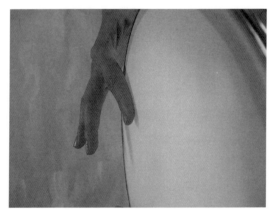

圖 3-39　手鼓敲擊方式——以手指敲擊

⑶ 指尖——以手指尖點於鼓面上。可以單指敲擊，或以多指連續點
  擊形成輪音。

圖 3-40　手鼓敲擊方式——以指尖敲擊

(4) 彈指──將彈指之技巧運用於手鼓上,調整角度使彈指後中指剛
好落在鼓面靠邊處,即可得一高頻響亮之聲音。

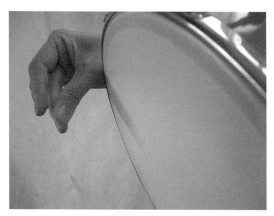

圖 3-41　手鼓敲擊方式──彈指預備動作

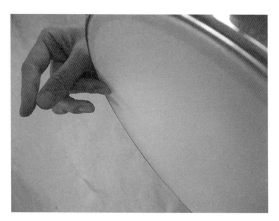

圖 3-42　手鼓敲擊方式──彈指完成動作

(5) 手掌摩擦──將手掌攤平在鼓面上摩擦。可調整移動速度來做強
弱變化。此種演奏方式僅適合粗糙的鼓面。

圖 3-43　手鼓敲擊方式──以手掌摩擦

⑹ 指尖摩擦──原則同 ⑸，唯用指尖處摩擦。

圖 3-44　手鼓敲擊方式──以指尖摩擦

⑺ 鼓棒──傳統上手鼓並不以鼓棒敲奏，但教學用之手鼓，由於其
　　製作時常不如真正手鼓精良，再加上手鼓技法比起使用鼓棒來較
　　為複雜且困難，因此需要時還是可以用鼓棒敲擊。演奏時可敲於
　　鼓面或鼓框上以求音色變化。

圖 3-45　手鼓敲擊方式 —— 以鼓棒敲擊

3. 樂曲練習

　　加重音者為手掌擊鼓。加斷奏者為手指擊鼓。加迴旋記號者為摩擦
　　鼓面。

樂器聲響特性勾選表：

音頭：☐極清楚　　☐清楚　　　☐中等　　☐不太清楚　☐幾乎沒有

音長：☐極短　　　☐稍短　　　☐適中　　☐稍長　　　☐極長

音量：☐吵死了　　☐頗大聲　　☐適中　　☐微弱　　　☐幾乎聽不見

音域：☐偏高　　　☐偏中　　　☐偏低

其他特性：

　　　　☐清脆　　☐夢幻　　☐活潑　　☐可愛　　☐輕快

　　　　☐震撼　　☐莊嚴　　☐柔美　　☐雄壯　　☐溫馨

　　　　☐有精神　☐嘹亮　　☐熱情　　☐有趣　　☐尖銳

我覺得這個樂器：

　　□適合打大拍子　　□適合打快節奏　　□適合當主旋律

　　□適合當伴奏　　　□適合作音效

(十三) 金屬沙鈴

金屬沙鈴原文爲 Cabasa，爲一種拉丁美洲樂器，與一般沙鈴構造其實並不相同。此種樂器主要由一圓柱體及一握柄組成。圓柱體部分有波浪狀紋路，外覆以多圈金屬球珠，音色與沙鈴類似，故名之。

1. 拿法

一手持握柄，一手輕輕包覆於金屬球珠之外。

2. 演奏方式

兩手以相反方向轉動，使金屬球珠與圓柱體相互摩擦而發聲。兩手來回往返，則可演奏出節奏。若球珠太緊，可將包覆之手的虎口張開，幫助施力。

圖 3-46　金屬沙鈴之持法及演奏方式

3. 樂曲練習

此處斷奏表示音輕且短，各音值皆不需持續至滿拍。

樂器聲響特性勾選表：

音頭：☐ 極清楚　　☐ 清楚　　☐ 中等　　☐ 不太清楚　　☐ 幾乎沒有

音長：☐ 極短　　　☐ 稍短　　☐ 適中　　☐ 稍長　　　　☐ 極長

音量：☐ 吵死了　　☐ 頗大聲　☐ 適中　　☐ 微弱　　　　☐ 幾乎聽不見

音域：☐ 偏高　　　☐ 偏中　　☐ 偏低

其他特性：

☐ 清脆　　☐ 夢幻　　☐ 活潑　　☐ 可愛　　☐ 輕快

☐ 震撼　　☐ 莊嚴　　☐ 柔美　　☐ 雄壯　　☐ 溫馨

☐ 有精神　☐ 嘹亮　　☐ 熱情　　☐ 有趣　　☐ 尖銳

我覺得這個樂器：

☐ 適合打大拍子　　☐ 適合打快節奏　　☐ 適合當主旋律

☐ 適合當伴奏　　　☐ 適合作音效

(十四) 辣齒

辣齒由英文名稱 Rachet 音譯而來，主要由一齒輪及兩片有裂口之薄木片組成，外觀呈一倒 V 字形，是造型及音色皆相當特殊之樂器。

1. 演奏方法

一手握住倒 V 字形的一腳，另一手轉動連接齒輪之搖桿，使齒輪撥動木片發聲。

圖 3-47　辣齒之持法及演奏方式

2. 樂曲練習

樂器聲響特性勾選表：

音頭：□極清楚　　□清楚　　□中等　　□不太清楚　　□幾乎沒有

音長：□極短　　□稍短　　□適中　　□稍長　　□極長

音量：□吵死了　　□頗大聲　　□適中　　□微弱　　□幾乎聽不見

音域：□偏高　　□偏中　　□偏低

其他特性：

　　　　□清脆　　□夢幻　　□活潑　　□可愛　　□輕快

　　　　□震撼　　□莊嚴　　□柔美　　□雄壯　　□溫馨

　　　　□有精神　□嘹亮　　□熱情　　□有趣　　□尖銳

我覺得這個樂器：

　　　　□適合打大拍子　　□適合打快節奏　　□適合當主旋律

　　　　□適合當伴奏　　□適合作音效

(十五) 振盪器

振盪器亦爲音色相當特殊之音效性樂器，在樂曲中常發揮增添驚奇、畫龍點睛之效果。

1. 拿法

樂器的圓球朝上，方盒朝下。左手持握側面的金屬連結桿。

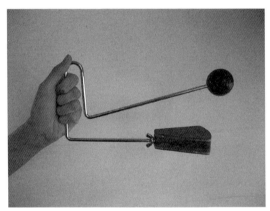

圖 3-48　振盪器之拿法

2. 演奏方法

右手手掌向下用力拍擊圓球，即可使方盒內的金屬裝置振動，與方盒撞擊而發聲。

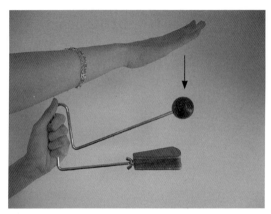

圖 3-49　振盪器之演奏方式

3. 樂曲練習

樂器聲響特性勾選表：

音頭：☐極清楚　☐清楚　☐中等　☐不太清楚　☐幾乎沒有

音長：☐極短　☐稍短　☐適中　☐稍長　☐極長

音量：☐吵死了　☐頗大聲　☐適中　☐微弱　☐幾乎聽不見

音域：☐偏高　☐偏中　☐偏低

其他特性：

☐清脆　☐夢幻　☐活潑　☐可愛　☐輕快

☐震撼　☐莊嚴　☐柔美　☐雄壯　☐溫馨

☐有精神　☐嘹亮　☐熱情　☐有趣　☐尖銳

我覺得這個樂器：

☐適合打大拍子　☐適合打快節奏　☐適合當主旋律

☐適合當伴奏　☐適合作音效

⒃ 刮胡

刮胡爲拉丁美洲樂器，原用乾燥之葫蘆殼刻以橫向溝槽做成，現在則有各種材質製成之產品。部分民族有以洗衣板作爲樂器者，與刮胡原理相同。

1 拿法

天然葫蘆製作之刮胡通常在一端有開口，習慣上會將開口處朝自己。底部應該會另外開兩個洞，持拿時將左手手掌朝上，食指或中指及大拇指分別伸入兩個洞中，扣緊抓牢即可。

圖 3-50　刮胡拿法

2. 演奏方式

⑴ 刮奏——右手持刮棒（刮胡專用細棒、木琴棒棒柄或筷子等可刮過溝槽者皆可），前後來回刮擊樂器溝痕。可演奏節奏。變換方向時爲求節奏清楚，刮棒通常會稍微離開樂器。亦可嘗試改變移動速度以求音量及音色變化。

101

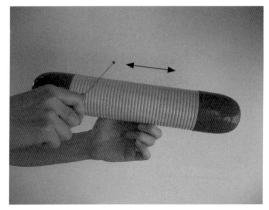

圖 3-51　刮胡之刮奏方式

(2) 點奏——以刮棒輕點於刮胡上，可得單純之節奏。常與刮奏交互
　　使用以增加音色上之豐富性。

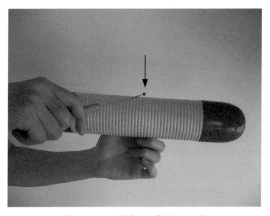

圖 3-52　刮胡之點奏方式

3. 樂曲練習

加斷奏之音符表示點奏，其餘音符則為刮奏。刮奏方向可自行決定。

樂器聲響特性勾選表：

音頭：☐ 極清楚　　☐ 清楚　　☐ 中等　　☐ 不太清楚　　☐ 幾乎沒有

音長：☐ 極短　　　☐ 稍短　　☐ 適中　　☐ 稍長　　　　☐ 極長

音量：☐ 吵死了　　☐ 頗大聲　☐ 適中　　☐ 微弱　　　　☐ 幾乎聽不見

音域：☐ 偏高　　　☐ 偏中　　☐ 偏低

其他特性：

☐ 清脆　　☐ 夢幻　　☐ 活潑　　☐ 可愛　　☐ 輕快

☐ 震撼　　☐ 莊嚴　　☐ 柔美　　☐ 雄壯　　☐ 溫馨

☐ 有精神　☐ 嘹亮　　☐ 熱情　　☐ 有趣　　☐ 尖銳

我覺得這個樂器：

☐ 適合打大拍子　　☐ 適合打快節奏　　☐ 適合當主旋律

☐ 適合當伴奏　　　☐ 適合作音效

(十七) 風鈴

一般演奏上使用的風鈴由具有相對音高之不同長短金屬棒組成。另外在文具店或禮品店也可買到各種造型之金屬、玻璃或竹製風鈴，皆可為音樂製造不同風情或氣氛。

1. 演奏方法

由長短金屬棒組成之風鈴可以不同方向刷奏，製造出上行或下行音階。建議以手背指甲處輕刷，以免手指汗水與金屬棒沾黏增加阻力。其他種類風鈴則依需要以手撥弄。

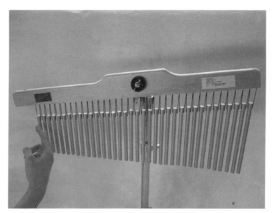

圖 3-53　演奏型風鈴之演奏方式

2. 樂曲練習

　　"Glissando" 為義大利文「滑奏」之意。波浪狀記號向下表示由高
音滑至低音，向上則由低音滑至高音。

樂器聲響特性勾選表：

音頭：□極清楚　　□清楚　　□中等　　□不太清楚　□幾乎沒有

音長：□極短　　　□稍短　　□適中　　□稍長　　　□極長

音量：□吵死了　　□頗大聲　□適中　　□微弱　　　□幾乎聽不見

音域：□偏高　　　□偏中　　□偏低

其他特性：

　　　　□清脆　　□夢幻　　□活潑　　□可愛　　□輕快

　　　　□震撼　　□莊嚴　　□柔美　　□雄壯　　□溫馨

　　　　□有精神　□嘹亮　　□熱情　　□有趣　　□尖銳

我覺得這個樂器：
      ☐ 適合打大拍子   ☐ 適合打快節奏   ☐ 適合當主旋律
      ☐ 適合當伴奏   ☐ 適合作音效

二、西洋鼓及鈸

(一) 小鼓

    小鼓為西洋打擊樂中常用且基礎之樂器，其技巧可應用至許多其他樂器上。進階之小鼓技巧相當困難，此處將僅介紹幾項基本技巧。真正小鼓的聲音非常巨大，平時可用練習板替代。

1. 鼓棒拿法

    (1) 食指彎曲形成一彎鉤，與大拇指相對，輕握於鼓棒後端算起約 1/3 處。

圖 3-54　西洋小鼓棒拿法——分解動作 (1)

⑵ 後三指輕輕扶於鼓棒上。切莫緊抓或刻意張開。

圖 3-55　西洋小鼓棒拿法 —— 分解動作 ⑵

⑶ 調整鼓棒角度使之與手臂呈一直線。

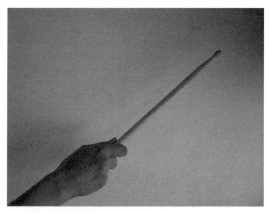

圖 3-56　西洋小鼓棒拿法 —— 分解動作 ⑶

圖 3-57　西洋小鼓棒拿法 ── 錯誤示範（手臂與鼓棒未成一直線）

圖 3-58　西洋小鼓棒拿法 ── 錯誤示範（以拳頭緊握鼓棒）

⑷ 站立敲奏時身體直立，雙腳打開與肩同寬。

⑸ 手背朝上，將鼓棒置於鼓面上預備，兩手呈一八字形。

圖 3-59　西洋小鼓棒拿法——分解動作 ⑸

⑹ 手肘稍微離開身體，以避免摩擦而浪費力氣。

2.敲擊方法

⑴ 單擊

抬起手腕以舉起鼓棒。手腕回復原位置時鼓棒即擊打到鼓面。鼓棒接觸到鼓面後應順勢抬回，切莫緊抓鼓棒阻礙其反彈路徑，亦不需刻意施力將鼓棒撈回。兩手輪流單擊即可奏出節奏。

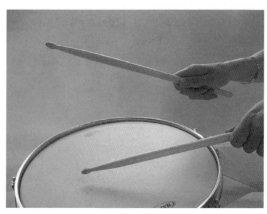

圖 3-60　西洋小鼓單擊敲奏方式

(2) 音量變化

欲製造愈大聲量則鼓棒應由愈高處落下,反之亦然。大聲時雙手儘量放鬆,除高度外,手部不需額外施力。小聲時在食指與大拇指處可稍加捏緊,以增加對鼓棒振幅的控制。

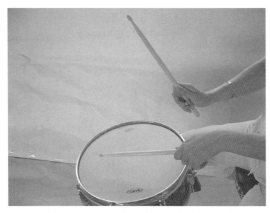

圖 3-61　西洋小鼓大聲敲擊方式

圖 3-62　西洋小鼓小聲敲擊方式

(3) 重音

在同一音量之段落中,若將其中幾個音加強,即成為「重音」。

重音可用上述大聲打法以高度差別獲得，或在相同高度下瞬間施力作出。

⑷ 裝飾音

兩支鼓棒由一高一低處同時落下，則會在相近但不同之時間落至鼓面，形成一個「裝飾音」。裝飾音可增加主音的厚度、重要性或趣味性。

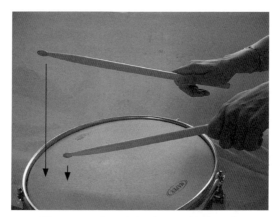

圖 3-63　西洋小鼓裝飾音敲擊方式

3. 樂曲練習

樂器聲響特性勾選表：

音頭：□ 極清楚　　□ 清楚　　□ 中等　　□ 不太清楚　　□ 幾乎沒有

音長：□ 極短　　　□ 稍短　　□ 適中　　□ 稍長　　　　□ 極長

音量：□ 吵死了　　□ 頗大聲　□ 適中　　□ 微弱　　　　□ 幾乎聽不見

音域：□ 偏高　　　□ 偏中　　□ 偏低

其他特性：

　　□ 清脆　　□ 夢幻　　□ 活潑　　□ 可愛　　□ 輕快

　　□ 震撼　　□ 莊嚴　　□ 柔美　　□ 雄壯　　□ 溫馨

　　□ 有精神　□ 嘹亮　　□ 熱情　　□ 有趣　　□ 尖銳

我覺得這個樂器：

　　□ 適合打大拍子　　□ 適合打快節奏　　□ 適合當主旋律

　　□ 適合當伴奏　　　□ 適合作音效

(二) 大鼓

　　大鼓為樂隊或樂團中常用之低音鼓類。節奏上可加強重要拍點之強度，音效上可模仿轟隆的聲響，應用相當廣泛。

1. 鼓棒拿法

　　大鼓鼓棒為一頭包有毛氈或布料之大型打擊棒。握棒時依小鼓棒拿法的原則握於鼓棒靠後端處。鼓棒雖重，仍需儘量保持手腕的靈活與肌肉的放鬆。

2. 敲擊方法

　　人站立於鼓的側邊，鼓棒握於與受擊鼓面同側之手中。將手臂舉高，下落時調整路徑使鼓棒以正面方向擊打到鼓面，莫為要花招而僅輕輕

擦過。落點依聲響需要可選擇靠鼓心或稍偏離處。若希望擊點顆粒清楚，可將另一手壓於另一鼓面上以減少鼓面振動造成的過長餘音。

圖 3-64　西洋大鼓敲奏方式

圖 3-65　西洋大鼓左手按壓對面鼓皮方式

3. 樂曲練習

樂器聲響特性勾選表：

音頭：☐極清楚　☐清楚　☐中等　☐不太清楚　☐幾乎沒有

音長：☐極短　☐稍短　☐適中　☐稍長　☐極長

音量：☐吵死了　☐頗大聲　☐適中　☐微弱　☐幾乎聽不見

音域：☐偏高　☐偏中　☐偏低

其他特性：

☐清脆　☐夢幻　☐活潑　☐可愛　☐輕快

☐震撼　☐莊嚴　☐柔美　☐雄壯　☐溫馨

☐有精神　☐嘹亮　☐熱情　☐有趣　☐尖銳

我覺得這個樂器：

☐適合打大拍子　☐適合打快節奏　☐適合當主旋律

☐適合當伴奏　☐適合作音效

(三) 中鼓

中鼓英文名稱爲 Tom-tom，在爵士鼓組中爲懸掛於大鼓上之中型鼓，故以此名之。中鼓亦可以獨立出來置於鼓架上作爲單獨演奏之用。若將大小不同之各尺寸中鼓組合起來，則可做音高上的變化。

中鼓一般以鼓棒敲擊，鼓面有滑面及沙面兩種，後者以指甲摩擦時可發出聲音。另有以三根腳架支撐之較大型中鼓，稱爲落地鼓（floor tom）。

1.敲擊方法

以鼓棒演奏時原則同小鼓技巧，只是打兩個以上的鼓時因爲多了換鼓的動作，在手法上需要特別注意。

圖 3-66　中鼓演奏方式

2. 樂曲練習

樂器聲響特性勾選表：

音頭：□極清楚　□清楚　□中等　□不太清楚　□幾乎沒有

音長：□極短　□稍短　□適中　□稍長　□極長

音量：□吵死了　□頗大聲　□適中　□微弱　□幾乎聽不見

音域：□偏高　□偏中　□偏低

其他特性：

　　　　□清脆　□夢幻　□活潑　□可愛　□輕快

　　　　□震撼　□莊嚴　□柔美　□雄壯　□溫馨

　　　　□有精神　□嘹亮　□熱情　□有趣　□尖銳

我覺得這個樂器：

　　　　□適合打大拍子　□適合打快節奏　□適合當主旋律

　　　　□適合當伴奏　□適合作音效

㈣ 邦哥鼓

邦哥鼓是拉丁美洲重要鼓類之一，鼓聲偏高，並由一大一小兩個鼓組合而成。傳統上演奏邦哥鼓時，鼓手以坐姿將鼓夾於兩膝中間，用手拍擊鼓面。現今則多以鼓架將鼓架起，用手或鼓棒演奏。

1. 敲擊方法

⑴ 以鼓棒演奏時，原則同小鼓技巧。

⑵ 以手演奏時，食指至小指輕輕靠攏，手指自然彎曲，如自由落體一般落至鼓面上使之發聲。手接觸到鼓面時指根處與鼓緣對齊，手指自然微微彈開。大拇指則不接觸鼓面。

圖 3-67　邦哥鼓以手演奏之敲擊方式

2. 樂曲練習

擊樂合奏

樂器聲響特性勾選表：

音頭：☐極清楚　☐清楚　☐中等　☐不太清楚　☐幾乎沒有
音長：☐極短　☐稍短　☐適中　☐稍長　☐極長
音量：☐吵死了　☐頗大聲　☐適中　☐微弱　☐幾乎聽不見
音域：☐偏高　☐偏中　☐偏低

其他特性：

☐清脆　☐夢幻　☐活潑　☐可愛　☐輕快
☐震撼　☐莊嚴　☐柔美　☐雄壯　☐溫馨
☐有精神　☐嘹亮　☐熱情　☐有趣　☐尖銳

我覺得這個樂器：

☐適合打大拍子　☐適合打快節奏　☐適合當主旋律
☐適合當伴奏　☐適合作音效

(五) 康加鼓

　　康加鼓亦為拉丁美洲重要鼓類之一，形狀為長筒寬腹，鼓聲較邦哥鼓為低。傳統上一位康加鼓手負責以手演奏高中低三音的鼓組，現今則依需要可能以手或鼓棒演奏一至多個鼓。

圖 3-68　一人演奏三個康加鼓之情形

1. 敲擊方法

以下敲擊方法爲以手演奏之技法：

⑴ 開放音

　　同以上邦哥鼓敲擊方法 ⑵ 。

圖 3-69　康加鼓開放音敲擊方式

⑵ 巴掌音

　　原則上同邦哥鼓敲擊方法 ⑵ ，惟接觸鼓面的瞬間將手掌向內抓，
　　動作完成時手掌停留在鼓面上宛如一平緩的倒「V」字形。此技法
　　打出之音色較開放音脆亮，手部動作亦可比擬打巴掌時的果斷，
　　故得名，通常於重音上使用。

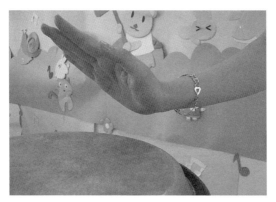

圖 3-70　康加鼓巴掌音敲擊方式 —— 預備動作

圖 3-71　康加鼓巴掌音敲擊方式──完成動作

(3) 低音

　　將手掌攤平，指尖微微上揚，擊打鼓正中心處，即可得一渾厚低音。

圖 3-72　康加鼓低音敲擊方式

(4) 輕拍音

以手指尖輕拍於鼓邊處，所得之聲音較開放音爲輕。

圖 3-73　康加鼓輕拍音敲奏方式

(5) 悶音

原則同開放音，惟手指接觸鼓面後不彈開，且稍微壓住鼓皮以抑制鼓面振動，即得一悶音。

圖 3-74　康加鼓悶音敲擊方式

2. 樂曲練習

未特別註明者為開放音。記於線下並加一短橫（marcato）者為低音。加斷奏記號者為輕拍音。加重音者為巴掌音。

樂器聲響特性勾選表：

音頭：□極清楚　□清楚　□中等　□不太清楚　□幾乎沒有

音長：□極短　□稍短　□適中　□稍長　□極長

音量：□吵死了　□頗大聲　□適中　□微弱　□幾乎聽不見

音域：□偏高　□偏中　□偏低

其他特性：

□清脆　□夢幻　□活潑　□可愛　□輕快

□震撼　□莊嚴　□柔美　□雄壯　□溫馨

□有精神　□嘹亮　□熱情　□有趣　□尖銳

我覺得這個樂器：

□適合打大拍子　□適合打快節奏　□適合當主旋律

□適合當伴奏　□適合作音效

㈥ 非洲鼓

非洲為打擊樂勝地，所使用之打擊樂器種類繁多，鼓類亦然。此處所稱之「非洲鼓」為名為 Djembe 之西非鼓，在樂團中常居於領奏的地位。

1. 演奏姿勢

非洲鼓底部有一開口，為傳聲之重要管道，因此必須確保其開放不被遮蔽。演奏時坐於穩定的椅子上，雙腿打開，將鼓置於兩膝中間。鼓向前傾，鼓面朝前。膝蓋及雙腳分別將鼓的中段和底部輕輕夾住，幫助鼓身平衡。

圖 3-75　非洲鼓演奏姿勢

2. 敲擊方法

非洲鼓為以徒手演奏之鼓類，且禁止以鼓棒敲擊。

⑴ 低音

將整個手掌擊打於鼓中央，即得一共鳴良好之低音。與康加鼓之低音不同處為，在非洲鼓上並不需要將手指尖微微揚起。

圖 3-76　非洲鼓低音敲擊方式

⑵ 中音

　　同康加鼓的開放音,在非洲鼓屬中音。

圖 3-77　非洲鼓中音敲擊方式

⑶ 高音

　　原則同中音,惟將手再退後一些,以手指的前 2/3 擊打鼓邊,所得
之聲響為穿透力甚強之高音。

圖 3-78　非洲鼓高音敲擊方式

3. 樂曲練習

依符頭在樂譜上位置的高低分別為高、中、低音。

樂器聲響特性勾選表：

音頭：□極清楚　□清楚　□中等　□不太清楚　□幾乎沒有

音長：□極短　□稍短　□適中　□稍長　□極長

音量：□吵死了　□頗大聲　□適中　□微弱　□幾乎聽不見

音域：□偏高　□偏中　□偏低

其他特性：

　　　　□清脆　□夢幻　□活潑　□可愛　□輕快

　　　　□震撼　□莊嚴　□柔美　□雄壯　□溫馨

　　　　□有精神　□嘹亮　□熱情　□有趣　□尖銳

我覺得這個樂器：

　　　　□適合打大拍子　□適合打快節奏　□適合當主旋律

　　　　□適合當伴奏　　□適合作音效

㈦ 木箱鼓

木箱鼓的起源也與非洲人有關，因此演奏原則與非洲鼓十分相似。箱內裝有響線，故在模擬爵士鼓方面應用也很廣。平時可見拉丁音樂、佛朗明哥或吉他表演使用木箱鼓作為伴奏樂器，其帥氣的演奏風格十分受到歡迎。

1.演奏姿勢

木箱鼓為箱狀，本身即是座椅。演奏者坐於箱上，箱子開口朝後，演奏者的雙手向下觸及箱子面板演奏。

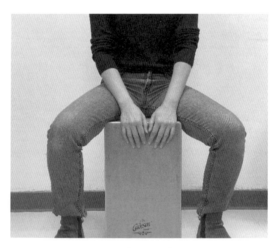

圖 3-79　木箱鼓演奏姿勢

2.敲擊方法

與康加鼓及非洲鼓相同，木箱鼓為以手敲擊，手形與擊打位置皆會使音色與音高改變。以下介紹最基本的兩個手法，其他變化則可盡情探索以發現新聲音。

(1) 低音（如同爵士鼓大鼓）

　　手形平而放鬆，整隻手掌擊打木箱鼓前方面板正中線以上的位置。

圖 3-80　木箱鼓低音敲擊方式

(2) 高音（如同爵士鼓小鼓）

　　同康加鼓的開放音，手指在擊打力道落下時順勢敲擊到木箱鼓面板靠上緣處。敲擊位置靠角落會有明顯的響線聲，靠中間則響線聲較弱。

圖 3-81　木箱鼓高音敲擊方式

3. 樂曲練習

樂器聲響特性勾選表：

音頭：□極清楚　　□清楚　　□中等　　□不太清楚　□幾乎沒有

音長：□極短　　　□稍短　　□適中　　□稍長　　　□極長

音量：□吵死了　　□頗大聲　□適中　　□微弱　　　□幾乎聽不見

音域：□偏高　　　□偏中　　□偏低

其他特性：

　　　□清脆　□夢幻　□活潑　□可愛　□輕快　□震撼　□莊嚴
　　　□尖銳

我覺得這個樂器：

　　　□適合打大拍子　□適合打快節奏　□適合當主旋律
　　　□適合當伴奏　　□適合作音效

(八) 吊鈸

　　吊鈸為西洋樂團中常用之金屬樂器，適合在強調重要拍點或堆砌、營造高潮時使用。演奏時可用包線之木琴棒或小鼓棒擊打。前者音色較柔和，後者拍點較明顯。

1. 敲擊方式

(1) 單擊

以木琴棒或小鼓棒敲於距鈸邊約 3 至 5 公分處。

圖 3-82　吊鈸單擊敲擊方式

⑵ 止音

　　用手將正在振動之吊鈸捏住以切斷其餘音。用於休止符或樂曲結尾處。

圖 3-83　吊鈸止音操作方式

(3) 輪音

　　雙手連續擊打吊鈸以得一綿密長音，常伴隨漸強或漸弱。通常以木琴棒演奏，然也有以小鼓棒演奏者。

圖 3-84　吊鈸輪音敲奏方式

2. 樂曲練習

　　有連結線者讓該音自然消失。無連結線者於下一休止符處止音。

樂器聲響特性勾選表：

音頭：□極清楚　　□清楚　　□中等　　□不太清楚　　□幾乎沒有

音長：□極短　　　□稍短　　□適中　　□稍長　　　　□極長

音量：□吵死了　　□頗大聲　□適中　　□微弱　　　　□幾乎聽不見

音域：□偏高　　　□偏中　　□偏低

其他特性：

　　　　□清脆　　□夢幻　　□活潑　　□可愛　　□輕快

□震撼　　□莊嚴　　□柔美　　□雄壯　　□溫馨

□有精神　□嘹亮　　□熱情　　□有趣　　□尖銳

我覺得這個樂器：

　　□適合打大拍子　□適合打快節奏　□適合當主旋律

　　□適合當伴奏　　□適合作音效

(九) 銅鈸

銅鈸為西洋行進樂隊或管弦樂團常用之金屬樂器，多用於壯盛激昂之樂段中。此樂器較沉重，不適合稚齡幼兒演奏，需要時建議由教師操作。

1. 持拿方式

兩手各持一銅鈸。食指勾起，與大拇指相對，抓住銅鈸上之皮帶，並儘量向外拉扯。後三指握於皮帶剩餘處幫助支撐前二指。手部靠於銅鈸凸起處，使鈸面能穩定與地面保持垂直。

圖 3-85　西洋銅鈸持拿方式

2. 敲擊方式

一手保持靜態，另一手以動態撞擊之。兩片鈸面接觸時邊緣應稍稍錯開，以避免將空氣包覆其中而造成空氣砲聲。止音時將鈸緣靠於身體上即可。

圖 3-86　西洋銅鈸敲奏方式

圖 3-87　西洋銅鈸止音方式

3. 樂曲練習

有連結線者讓該音自然消失。無連結線者於下一休止符處止音。

樂器聲響特性勾選表：

音頭：□極清楚　　□清楚，　□中等　　□不太清楚　　□幾乎沒有

音長：□極短　　　□稍短　　□適中　　□稍長　　　　□極長

音量：□吵死了　　□頗大聲　□適中　　□微弱　　　　□幾乎聽不見

音域：□偏高　　　□偏中　　□偏低

其他特性：

　　　□清脆　　□夢幻　　□活潑　　□可愛　　□輕快

　　　□震撼　　□莊嚴　　□柔美　　□雄壯　　□溫馨

　　　□有精神　□嘹亮　　□熱情　　□有趣　　□尖銳

我覺得這個樂器：

　　　□適合打大拍子　　□適合打快節奏　　□適合當主旋律

　　　□適合當伴奏　　　□適合作音效

㈩ 爵士鼓

　　爵士鼓為流行音樂中常用之樂器，亦為深受年輕人歡迎之打擊樂器之一。整套鼓基本上由一踏板大鼓（pedal bass drum，置於正前下方）、一小鼓（snare drum，靠左內側，演奏者兩膝之間）、二至數個懸掛式中鼓（tom-toms，大鼓上方）、一落地鼓（floor tom，演奏者右方）、一腳踏兩片鈸（hi-hat，演奏者左方，小鼓外側）、一較薄之吊鈸（crash cymbal，左上方）及一較厚之吊鈸（ride cymbal，右上方）組成。依曲風

需要亦可能加入牛鈴、鈴鼓、各種鈸類等周邊樂器。

圖 3-88　爵士鼓演奏姿勢 —— 整體圖

圖 3-89　爵士鼓演奏姿勢 —— 左右腳分別置於 hi-hat 及大鼓踏板上

圖 3-90　爵士鼓演奏姿勢——左右手鼓棒分別置於小鼓及 hi-hat 上

圖 3-91　爵士鼓演奏姿勢——左右手鼓棒分別置於小鼓及 ride cymbal 上

樂曲練習

上加一線 x：crash cymbal。

上加一間 x：左腳踩緊 hi-hat 踏板，右手以鼓棒打在 hi-hat 鈸面上。

第三間：左手打在小鼓上。

下間：右腳踩大鼓踏板。

第二、四間：低、高音中鼓。第一間：落地鼓。

樂器聲響特性勾選表：

音頭：□極清楚　　□清楚　　□中等　　□不太清楚　　□幾乎沒有

音長：□極短　　　□稍短　　□適中　　□稍長　　　　□極長

音量：□吵死了　　□頗大聲　□適中　　□微弱　　　　□幾乎聽不見

音域：□偏高　　　□偏中　　□偏低

其他特性：

　　□清脆　　□夢幻　　□活潑　　□可愛　　□輕快

　　□震撼　　□莊嚴　　□柔美　　□雄壯　　□溫馨

　　□有精神　□嘹亮　　□熱情　　□有趣　　□尖銳

我覺得這個樂器：

　　□適合打大拍子　　□適合打快節奏　　□適合當主旋律

　　□適合當伴奏　　　□適合作音效

三、中國打擊樂器

　　中國打擊樂器種類繁多，以下所介紹多為民間打擊樂器。中國民間打擊樂講究音色變化以及視覺效果，在表演上常予人精彩震撼的印象。

(一) 扁鼓

扁鼓顧名思義形為扁圓筒狀，置於木架上站立演奏。

1. 鼓棒拿法

　　中國鼓棒拿法原則上與西洋鼓棒相似，惟因中國鼓棒較短，故而食指與大拇指形成之支點不需握於鼓棒後端 1/3 處，而是將鼓棒後端包覆於手

掌中，使棒尾不至露出即可。另外持棒時非手背向上，而是大拇指（或虎口）向上。

圖 3-92　中國小鼓棒拿法

2.敲擊方式

中國鼓技巧繁多，以下介紹幾種常用打法。

⑴ 一般打法

抬動手腕以舉起鼓棒，向下點擊時即會因接觸鼓面而發聲。可利用後三指的撥動幫助施力。鼓棒打到鼓面後應順應彈力回到原位置。試著打鼓心、偏離鼓心以及靠近鼓邊等位置，聆聽音色上是否有差異。

圖 3-93　中國鼓一般打法

(2) 鼓框敲擊

　　用鼓棒以垂直方向擊打鼓框，則會發出木頭框的清脆音響。

圖 3-94　中國鼓鼓框敲擊方式

(3) 鼓棒互擊

　　兩鼓棒互擊。可配合肢體動作以增加視覺上可看性。

圖 3-95　中國鼓鼓棒互擊

(4) 悶擊

　　一手抵壓鼓面，另一手以鼓棒擊打鼓面，鼓皮則會因振動受抑制
而發出悶音。

圖 3-96　中國鼓悶擊敲擊方式

⑸ 平擊

　　平擊為常用但較為困難之技巧。將鼓棒放平，以其前端約 1/2 部分
擊打鼓皮靠鼓邊處。因鼓棒與鼓面接觸面積大，故會發出如鞭打
之「啪」「啪」聲。使用此技巧時，應保持手腕輕鬆，莫為使鼓棒
以水平方向接觸鼓面而將手部僵硬打直。

圖 3-97　中國鼓平擊敲擊方式

(6) 刮奏

以鼓棒刮過固定鼓皮的鐵釘,可得此特殊音響效果。

圖 3-98 中國鼓刮奏方式

3. 樂曲練習

(1)

線上之正常音符為一般打法。

打叉之音符為擊打鼓框;打叉之音符上有兩斜槓者為以雙手擊打鼓框。

(2)

無記號之正常音符為一般打法。

上有加號者為悶音。

三角形符頭者為鼓棒互擊。

上有鋸齒狀線條者為刮奏。

正常音符上有兩斜槓者為以雙手敲擊鼓面。

樂器聲響特性勾選表：

音頭：☐極清楚　　☐清楚　　　☐中等　　☐不太清楚　☐幾乎沒有

音長：☐極短　　　☐稍短　　　☐適中　　☐稍長　　　☐極長

音量：☐吵死了　　☐頗大聲　　☐適中　　☐微弱　　　☐幾乎聽不見

音域：☐偏高　　　☐偏中　　　☐偏低

其他特性：

　　　☐清脆　　☐夢幻　　☐活潑　　☐可愛　　☐輕快

　　　☐震撼　　☐莊嚴　　☐柔美　　☐雄壯　　☐溫馨

　　　☐有精神　☐嘹亮　　☐熱情　　☐有趣　　☐尖銳

我覺得這個樂器：

　　　☐適合打大拍子　☐適合打快節奏　☐適合當主旋律

　　　☐適合當伴奏　　☐適合作音效

(二) 花盆鼓

　　花盆鼓因外型狀似花盆而得名。基本技巧與扁鼓相同，為民間音樂常用之鼓類。

樂曲練習

無記號之正常音符為一般打法。

三角形符頭者為鼓棒互擊。

上有鋸齒狀線條者為刮奏。

樂器聲響特性勾選表：

音頭：□極清楚　　□清楚　　□中等　　□不太清楚　　□幾乎沒有

音長：□極短　　□稍短　　□適中　　□稍長　　□極長

音量：□吵死了　　□頗大聲　　□適中　　□微弱　　□幾乎聽不見

音域：□偏高　　□偏中　　□偏低

其他特性：

　　　□清脆　　□夢幻　　□活潑　　□可愛　　□輕快

　　　□震撼　　□莊嚴　　□柔美　　□雄壯　　□溫馨

　　　□有精神　　□嘹亮　　□熱情　　□有趣　　□尖銳

我覺得這個樂器：

　　　□適合打大拍子　　□適合打快節奏　　□適合當主旋律

　　　□適合當伴奏　　□適合作音效

(三) 獅鼓

　　獅鼓聲響龐大，多用於戶外熱鬧慶典等場合。一般人所言之中國大鼓有時指的即是獅鼓。本樂器所使用鼓棒較為粗大，或許不適合幼齡兒童演奏。表演時為求視覺上可看性，常加入口號呼喊或耍棒等特技表演。

1. 鼓棒拿法

　　由於鼓棒過於沉重，故拿法上為以整個手掌包覆於鼓棒尾端，不需將大拇指伸出貼齊棒身。

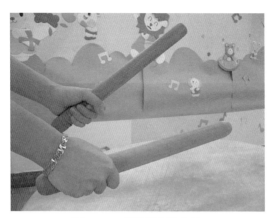

圖 3-99　獅鼓鼓棒拿法

2. 敲擊方式

敲擊技巧基本上與扁鼓相同。

3. 樂曲練習

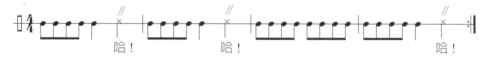

線上之正常音符為一般打法。

打叉之音符為擊打鼓框；打叉之音符上有兩斜槓者為以雙手擊打鼓
框。

「哈！」聲與擊打鼓框同時喊出。

樂器聲響特性勾選表：

音頭：□極清楚　　□清楚　　□中等　　□不太清楚　　□幾乎沒有

音長：□極短　　　□稍短　　□適中　　□稍長　　　　□極長

音量：□吵死了　　□頗大聲　□適中　　□微弱　　　　□幾乎聽不見

音域：□偏高　　　□偏中　　□偏低

擊樂合奏

其他特性：

☐ 清脆　　☐ 夢幻　☐ 活潑　☐ 可愛　☐ 輕快

☐ 震撼　　☐ 莊嚴　☐ 柔美　☐ 雄壯　☐ 溫馨

☐ 有精神　☐ 嘹亮　☐ 熱情　☐ 有趣　☐ 尖銳

我覺得這個樂器：

☐ 適合打大拍子　☐ 適合打快節奏　☐ 適合當主旋律

☐ 適合當伴奏　　☐ 適合作音效

(四) 堂鼓

堂鼓基本技巧與扁鼓相同，惟此樂器因置於矮架上，故以坐姿演奏。技巧上以一般打法為多，少有平擊或刮奏等花招。

圖 3-100　堂鼓演奏姿勢

樂曲練習

樂器聲響特性勾選表：

音頭：☐極清楚　☐清楚　☐中等　☐不太清楚　☐幾乎沒有

音長：☐極短　☐稍短　☐適中　☐稍長　☐極長

音量：☐吵死了　☐頗大聲　☐適中　☐微弱　☐幾乎聽不見

音域：☐偏高　☐偏中　☐偏低

其他特性：

☐清脆　☐夢幻　☐活潑　☐可愛　☐輕快

☐震撼　☐莊嚴　☐柔美　☐雄壯　☐溫馨

☐有精神　☐嘹亮　☐熱情　☐有趣　☐尖銳

我覺得這個樂器：

☐適合打大拍子　☐適合打快節奏　☐適合當主旋律

☐適合當伴奏　☐適合作音效

㈤ 排鼓

排鼓基本上如同將多個大小不一、具有高低音的堂鼓組合起來，因此能夠演奏音高的變化。不同的是排鼓架在較高的架子上，故以站姿演奏。另外排鼓的鼓身多漆成紅色，並加上中國風格的花紋，外表上比一般堂鼓要花俏。因為演奏時必須將數個鼓排成一排，故以此名之。

1. 排列方式

整組排鼓的數目為五個，但在教學上可視需要做調整。國樂演奏者通常將高音排在左手邊，低音排在右手邊，但若習慣西洋鍵盤右高左低的排列方式亦可依此方式排列。如果尚需要一個更低音的鼓，可在最低音排鼓旁再排一個獅鼓或花盆鼓。

2. 演奏方式

排鼓的演奏方式基本上與堂鼓相同，只是多了換鼓的手法變化。因為鼓框為金屬製，且無鼓釘的構造，故無敲擊鼓框、平擊或刮鼓釘等技巧。

圖 3-101　排鼓演奏姿勢

3. 樂曲練習

排鼓雖一組有五個鼓，但以下僅以三個鼓進行練習。

樂器聲響特性勾選表：

音頭：□極清楚　　□清楚　　□中等　　□不太清楚　　□幾乎沒有

音長：□極短　　　□稍短　　□適中　　□稍長　　　　□極長

音量：□吵死了　　□頗大聲　□適中　　□微弱　　　　□幾乎聽不見

音域：□偏高　　　□偏中　　□偏低

其他特性：

　　　　□清脆　　□夢幻　　□活潑　　□可愛　　□輕快

☐震撼　　☐莊嚴　　☐柔美　☐雄壯　　☐溫馨

☐有精神　☐嘹亮　　☐熱情　☐有趣　　☐尖銳

我覺得這個樂器：

☐適合打大拍子　☐適合打快節奏　☐適合當主旋律

☐適合當伴奏　　☐適合作音效

㈥ 小鈸

1. 樂器持法

小鈸有兩種持法：

⑴ 將繫於鈸碗後端的紅布折成適當的大小，覆蓋於鈸碗上。以食指、中指與大拇指揢住布的中心點即可。

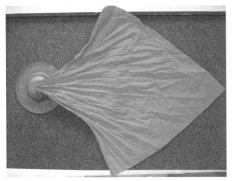
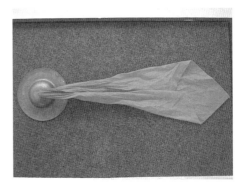
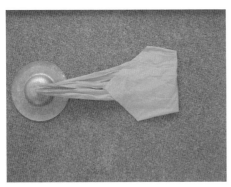

圖 3-102　中國小鈸拿法 ⑴ ── 分解動作

⑵ 將布攤開後，以食指與中指夾住布。掌心朝上，食指將會在布的
　上方，中指、無名指則在布的下方，小指可視習慣置於布的上方
　或下方。將手指的位置調整到適當的長度，手心朝內繞一圈，手
　掌剛好位在服貼於鈸碗上的位置即可。

圖 3-103　中國小鈸拿法 ⑵ —— 分解動作

2. 敲擊方式

小鈸技巧繁多，以下為常見打法：

(1) 開擊

兩手右上左下，以45°角度持鈸。兩鈸對敲，接觸後分開，手掌、手指避免覆蓋鈸面，即得一開放聲響。

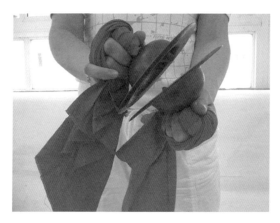

圖 3-104　中國小鈸開擊敲擊方式

(2) 悶擊

將整個手部覆蓋於鈸上，並將靠近身體的鈸邊抵於上腹部。兩鈸對敲後不分開，即得一悶閉聲響。

圖 3-105　中國小鈸悶擊敲擊方式

⑶ 磨擊

　　將兩鈸面相互接觸，以相反方向彼此摩擦即是。

圖 3-106　中國小鈸磨擊演奏方式

⑷ 搖擊

　　左手持鈸不動，右手輕搖另一鈸，使其鈸邊快速交互擊打於左鈸上，發出鈴鐺（或電話鈴聲）般的聲響。

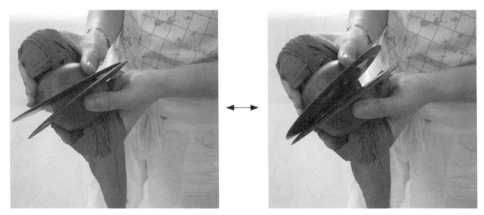

圖 3-107　中國小鈸搖擊敲奏方式

⑸ 砍鈸

左手持鈸不動，鈸面向上。右手以鈸邊垂直砍擊於左鈸碗上。

圖 3-108　中國小鈸砍鈸敲奏方式

⑹ 輕擊

左手持鈸不動，鈸面向上。右手以鈸邊垂直輕點於左鈸面上。

圖 3-109　中國小鈸輕擊敲奏方式

(7) 刮擊

　　左手持鈸不動，鈸面向上。右手以鈸邊向外劃過鈸碗口。

圖 3-110　中國小鈸刮擊敲奏方式

(8) 顫音

　　以開擊方式將兩鈸互擊，擊後讓兩鈸微微接觸，使鈸身的振動自
行形成連續顫音。

3. 樂曲練習

(1)

正常音符為開擊。

上有加號者為悶擊。

上有迴旋線條者為摩擊。

(2)

符桿上有三條斜線者為搖擊。

音符上加斷奏記號者為輕擊。

音符上加倒 V 字形記號者為砍擊。

音符上加鋸齒狀線條者為顫音。

樂器聲響特性勾選表：

音頭：☐極清楚　　☐清楚　　☐中等　　☐不太清楚　　☐幾乎沒有

音長：☐極短　　　☐稍短　　☐適中　　☐稍長　　　　☐極長

音量：☐吵死了　　☐頗大聲　☐適中　　☐微弱　　　　☐幾乎聽不見

音域：☐偏高　　　☐偏中　　☐偏低

其他特性：

　　　☐清脆　　☐夢幻　☐活潑　☐可愛　☐輕快

　　　☐震撼　　☐莊嚴　☐柔美　☐雄壯　☐溫馨

　　　☐有精神　☐嘹亮　☐熱情　☐有趣　☐尖銳

我覺得這個樂器：

　　　☐適合打大拍子　☐適合打快節奏　☐適合當主旋律

　　　☐適合當伴奏　　☐適合作音效

(七) 小鑼

1. 樂器持法

小鑼應附有一提繩。以左手持提繩，右手持鑼棒。鑼棒應為橡皮或包布之軟槌。

2. 敲擊方式

用鑼棒以正面方向敲打鑼面。需要止音時以持鑼棒之手捂住鑼面即可。

圖 3-111　中國小鑼持拿及敲奏方式

3. 樂曲練習

樂器聲響特性勾選表：

音頭：□極清楚　□清楚　□中等　□不太清楚　□幾乎沒有
音長：□極短　□稍短　□適中　□稍長　□極長

音量：□吵死了　□頗大聲　□適中　□微弱　　□幾乎聽不見

音域：□偏高　　□偏中　　□偏低

其他特性：

　　□清脆　□夢幻　□活潑　□可愛　□輕快

　　□震撼　□莊嚴　□柔美　□雄壯　□溫馨

　　□有精神　□嘹亮　□熱情　□有趣　□尖銳

我覺得這個樂器：

　　□適合打大拍子　□適合打快節奏　□適合當主旋律

　　□適合當伴奏　　□適合作音效

⑻ 京鑼

京鑼為京劇伴奏樂器，聲響發出後尾音上揚為其特色。

1. 樂器持法

　　京鑼為一中心平面稍凸之小型鑼，不附提繩。左手以後三指提住鑼緣。右手持一木片，削細之一端朝下，大拇指與食、中、無名三指分別扶在木片上端之兩側。

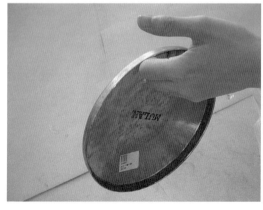

圖 3-112　京鑼左手持拿方式

2. 敲擊方式

轉動手腕並撥動中、無名二指，使木片下削細之部分敲擊到京鑼中心處，即可發聲。

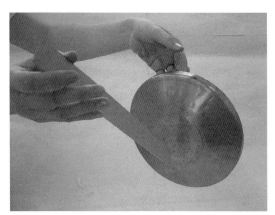

圖 3-113　中國小鑼敲擊方式

3. 樂曲練習

樂器聲響特性勾選表：

音頭：□極清楚　　□清楚　　□中等　　□不太清楚　　□幾乎沒有

音長：□極短　　　□稍短　　□適中　　□稍長　　　　□極長

音量：□吵死了　　□頗大聲　□適中　　□微弱　　　　□幾乎聽不見

音域：□偏高　　　□偏中　　□偏低

其他特性：

　　　　□清脆　　□夢幻　　□活潑　　□可愛　　□輕快

　　　　□震撼　　□莊嚴　　□柔美　　□雄壯　　□溫馨

　　　　□有精神　□嘹亮　　□熱情　　□有趣　　□尖銳

我覺得這個樂器：

☐適合打大拍子　☐適合打快節奏　☐適合當主旋律

☐適合當伴奏　☐適合作音效

㈨ 風鑼

風鑼為掛於架上之大型鑼，鑼邊較鑼面為薄。其聲響如狂風席捲而過，故得名。

1. 敲擊方式

一手拿鑼槌，以正面方向奮力擊打鑼面即可。

圖 3-114　風鑼敲擊方式

2. 樂曲練習

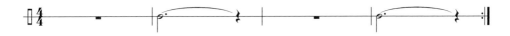

樂器聲響特性勾選表：

音頭：☐極清楚　　☐清楚　　☐中等　　☐不太清楚　　☐幾乎沒有

音長：☐極短　　☐稍短　　☐適中　　☐稍長　　☐極長

音量：☐吵死了　　☐頗大聲　　☐適中　　☐微弱　　☐幾乎聽不見

音域：☐偏高　　☐偏中　　☐偏低

其他特性：

　　　☐清脆　　☐夢幻　　☐活潑　　☐可愛　　☐輕快

　　　☐震撼　　☐莊嚴　　☐柔美　　☐雄壯　　☐溫馨

　　　☐有精神　　☐嘹亮　　☐熱情　　☐有趣　　☐尖銳

我覺得這個樂器：

　　　☐適合打大拍子　　☐適合打快節奏　　☐適合當主旋律

　　　☐適合當伴奏　　☐適合作音效

㈩ 泰來鑼

　　泰來鑼亦為掛於架上之大型鑼，然鑼邊為折起狀，鑼面也常題「泰來」二字。其聲響較為莊嚴。節慶、活動等之開鑼儀式所使用之鑼即為泰來鑼。

1.敲擊方式

一手拿鑼槌，以正面方向奮力擊打鑼面即可。

圖 3-115　泰來鑼敲擊方式

2. 樂曲練習

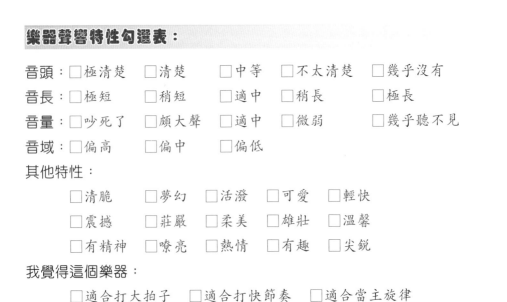

樂器聲響特性勾選表：

音頭：□極清楚　　□清楚　　□中等　　□不太清楚　　□幾乎沒有

音長：□極短　　□稍短　　□適中　　□稍長　　□極長

音量：□吵死了　　□頗大聲　　□適中　　□微弱　　□幾乎聽不見

音域：□偏高　　□偏中　　□偏低

其他特性：

　　　　□清脆　　□夢幻　　□活潑　　□可愛　　□輕快

　　　　□震撼　　□莊嚴　　□柔美　　□雄壯　　□溫馨

　　　　□有精神　　□嘹亮　　□熱情　　□有趣　　□尖銳

我覺得這個樂器：

　　　　□適合打大拍子　　□適合打快節奏　　□適合當主旋律

　　　　□適合當伴奏　　□適合作音效

四、鍵盤打擊樂器

　　鍵盤打擊樂器為有音高之樂器，可演奏旋律。演奏時以有球形棒頭之琴棒敲擊，因此琴棒之材質與硬度對音色的影響甚鉅。（琴棒介紹請見本章第五節）。

　　鍵盤樂器琴棒拿法與西洋小鼓棒拿法原則相通，皆為形成支點、手背朝上、琴棒與手臂呈一直線、以手腕施力。唯琴棒不需持於 1/3 處，盡量向後握，將棒尾包覆於掌中即可。

㈠ 奧福鐘琴

1. 樂器構造

　　奧福鐘琴為教學上常用的小型簡易鍵盤樂器。琴鍵以金屬片組成，構造上僅有單排白鍵，琴鍵上則多標有 C、D、E、F、G、A、B 等音名。

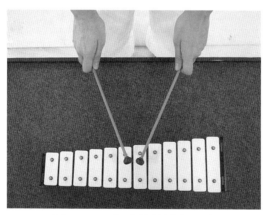

圖 3-116　奧福鐘琴敲奏方式

2. 樂曲練習

樂器聲響特性勾選表：

音頭：☐ 極清楚　　☐ 清楚　　　☐ 中等　　　☐ 不太清楚　　☐ 幾乎沒有

音長：☐ 極短　　　☐ 稍短　　　☐ 適中　　　☐ 稍長　　　　☐ 極長

音量：☐ 吵死了　　☐ 頗大聲　　☐ 適中　　　☐ 微弱　　　　☐ 幾乎聽不見

音域：☐ 偏高　　　☐ 偏中　　　☐ 偏低

其他特性：

☐ 清脆　　☐ 夢幻　　☐ 活潑　　☐ 可愛　　☐ 輕快

☐ 震撼　　☐ 莊嚴　　☐ 柔美　　☐ 雄壯　　☐ 溫馨

☐ 有精神　☐ 嘹亮　　☐ 熱情　　☐ 有趣　　☐ 尖銳

我覺得這個樂器：

☐ 適合打大拍子　　☐ 適合打快節奏　　☐ 適合當主旋律

☐ 適合當伴奏　　　☐ 適合作音效

(二) 奧福木琴

1. 樂器構造

　　奧福木琴亦為教學用之小型簡易鍵盤樂器，琴鍵以木條組成，下方有一共鳴箱。奧福木琴在構造上有兩種形式。一種為僅有單排白鍵，琴鍵上標有音名，並附有黑鍵音高之木條與白鍵替換，供演奏不同調性之音階使

用：另一種則除白鍵鍵盤外另具有一排黑鍵鍵盤，以供需要時置於白鍵前方排成一完整鍵盤。

奧福木琴及鐵琴（將在下段介紹）有三種尺寸，依音域高低分為「高音木琴／鐵琴」、「中音木琴／鐵琴」與「低音木琴／鐵琴」。「高音木琴／鐵琴」體積最小，音域最高；「中音木琴／鐵琴」體積次之，音域適中；「低音木琴／鐵琴」體積最大，音域最低。高音木琴／鐵琴的實際音高如下圖，但為了讀譜方便，記譜位置從中央 C 開始，比實際音高低了八度。而低音木琴／鐵琴的記譜位置也是從中央 C 開始，比實際音高高了八度。中音木琴／鐵琴的實際音高與記譜音高一致，沒有改變。雖然三種木琴／鐵琴記譜的位置是一致的，但實際音高不同；同樣敲奏高音木琴／鐵琴與中音木琴／鐵琴的中央 C，實際音高相差八度。

圖 3-117　奧福木琴／鐵琴記譜與實際音高對照表

木製鍵盤樂器應儘量避免以過硬之棒子敲擊，故應使用軟橡皮或包線之琴槌，勿以硬塑膠或木棒擊打。

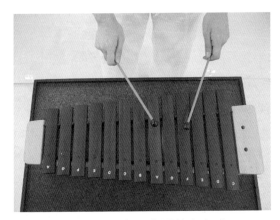

圖 3-118　奧福木琴敲奏方式

2. 樂曲練習

樂器聲響特性勾選表：

音頭：☐極清楚　　☐清楚　　　☐中等　　☐不太清楚　　☐幾乎沒有

音長：☐極短　　　☐稍短　　　☐適中　　☐稍長　　　　☐極長

音量：☐吵死了　　☐頗大聲　　☐適中　　☐微弱　　　　☐幾乎聽不見

音域：☐偏高　　　☐偏中　　　☐偏低

其他特性：

　　　☐清脆　　☐夢幻　　☐活潑　　☐可愛　　☐輕快

　　　☐震撼　　☐莊嚴　　☐柔美　　☐雄壯　　☐溫馨

　　　☐有精神　☐嘹亮　　☐熱情　　☐有趣　　☐尖銳

我覺得這個樂器：

　　　☐適合打大拍子　　☐適合打快節奏　　☐適合當主旋律

　　　☐適合當伴奏　　　☐適合作音效

㈢ 奧福鐵琴

1. 樂器構造

與奧福木琴同，唯可使用較硬之琴棒敲擊。

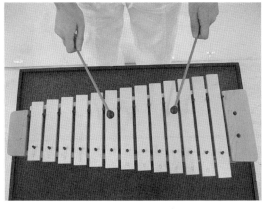

圖 3-119　奧福鐵琴敲奏方式

擊樂合奏

2. 樂曲練習

樂器聲響特性勾選表：

音頭：☐ 極清楚　☐ 清楚　☐ 中等　☐ 不太清楚　☐ 幾乎沒有

音長：☐ 極短　☐ 稍短　☐ 適中　☐ 稍長　☐ 極長

音量：☐ 吵死了　☐ 頗大聲　☐ 適中　☐ 微弱　☐ 幾乎聽不見

音域：☐ 偏高　☐ 偏中　☐ 偏低

其他特性：

☐ 清脆　☐ 夢幻　☐ 活潑　☐ 可愛　☐ 輕快

☐ 震撼　☐ 莊嚴　☐ 柔美　☐ 雄壯　☐ 溫馨

☐ 有精神　☐ 嘹亮　☐ 熱情　☐ 有趣　☐ 尖銳

我覺得這個樂器：

☐ 適合打大拍子　☐ 適合打快節奏　☐ 適合當主旋律

☐ 適合當伴奏　☐ 適合作音效

(四) 演奏型鐘琴

1. 樂器構造

　　演奏型鐘琴為小型金屬鍵盤樂器，有完整琴鍵，即鋼琴之黑白兩排琴鍵。音色高亢，攜帶方便，故常於行進樂隊中使用。演奏時樂手將樂器架於腰部，左手置於琴鍵背面支架支撐，右手持棒敲擊。在靜態樂團中則可

將鐘琴平放於桌面或架子上，以兩手演奏。

鐘琴多以硬質、不包線之琴槌敲擊，例如硬塑膠棒或金屬棒。後者聲響極大，多於與樂團抗衡時使用。需要較溫和音色時則可以軟塑膠棒演奏。

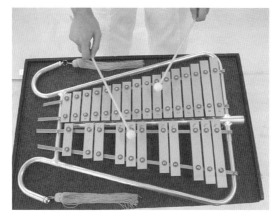

圖 3-120　鐘琴敲奏方式——置於桌面演奏

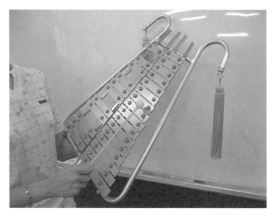

圖 3-121　鐘琴敲奏方式——行進時演奏

2. 樂曲練習

樂器聲響特性勾選表：

音頭：□極清楚　　□清楚　　□中等　　□不太清楚　　□幾乎沒有

音長：□極短　　□稍短　　□適中　　□稍長　　□極長

音量：□吵死了　　□頗大聲　　□適中　　□微弱　　□幾乎聽不見

音域：□偏高　　□偏中　　□偏低

其他特性：

　　　　□清脆　　□夢幻　　□活潑　　□可愛　　□輕快

　　　　□震撼　　□莊嚴　　□柔美　　□雄壯　　□溫馨

　　　　□有精神　□嘹亮　　□熱情　　□有趣　　□尖銳

我覺得這個樂器：

　　　　□適合打大拍子　□適合打快節奏　□適合當主旋律

　　　　□適合當伴奏　　□適合作音效

㈤ 演奏型高音木琴

1. 樂器構造

高音木琴原名 Xylophone，為以堅硬木質製成之高音鍵盤打擊樂器。有完整琴鍵，且音色尖銳，穿透力強勁，常為樂團中之主奏樂器。

此樂器材質因較耐受敲擊，故可以硬塑膠棒演奏，但勿以金屬琴槌擊打。

圖 3-122　演奏型高音木琴演奏方式

2. 樂曲練習

樂器聲響特性勾選表：

音頭：□極清楚　　□清楚　　□中等　　□不太清楚　　□幾乎沒有

音長：□極短　　　□稍短　　□適中　　□稍長　　　　□極長

音量：□吵死了　　□頗大聲　□適中　　□微弱　　　　□幾乎聽不見

音域：□偏高　　　□偏中　　□偏低

其他特性：

　　　　□清脆　　　□夢幻　　□活潑　　□可愛　　□輕快

　　　　□震撼　　　□莊嚴　　□柔美　　□雄壯　　□溫馨

　　　　□有精神　　□嘹亮　　□熱情　　□有趣　　□尖銳

我覺得這個樂器：

　　　　□適合打大拍子　　□適合打快節奏　　□適合當主旋律

　　　　□適合當伴奏　　　□適合作音效

㈥ 演奏型馬林巴木琴

1. 樂器構造

馬林巴木琴原名 Marimba。與 Xylophone 相比，體積較龐大，音域較低，音色較溫柔。相對於 Xylophone 之尖銳高亢，Marimba 較適合演奏抒情、柔和或旋律性強之樂曲。Xylophone 擔任主奏時，Marimba 則較適合擔任和聲方面的伴奏。

製成 Marimba 之木質較軟，故絕不可以不包線之琴槌敲擊。一般 Marimba 所使用之琴棒以毛線或紗線纏覆，且在軟硬度上區分極為繁雜精細，故應慎選適用之琴槌。

圖 3-123　馬林巴木琴演奏方式

2. 樂曲練習

　　此曲可由兩人合敲。第一部站在高音域負責旋律，第二部站在低音域負責和聲。

169

樂器聲響特性勾選表：

音頭：☐ 極清楚　☐ 清楚　☐ 中等　☐ 不太清楚　☐ 幾乎沒有

音長：☐ 極短　☐ 稍短　☐ 適中　☐ 稍長　☐ 極長

音量：☐ 吵死了　☐ 頗大聲　☐ 適中　☐ 微弱　☐ 幾乎聽不見

音域：☐ 偏高　☐ 偏中　☐ 偏低

其他特性：

　　　☐ 清脆　☐ 夢幻　☐ 活潑　☐ 可愛　☐ 輕快

　　　☐ 震撼　☐ 莊嚴　☐ 柔美　☐ 雄壯　☐ 溫馨

　　　☐ 有精神　☐ 嘹亮　☐ 熱情　☐ 有趣　☐ 尖銳

我覺得這個樂器：

　　　☐ 適合打大拍子　☐ 適合打快節奏　☐ 適合當主旋律

　　　☐ 適合當伴奏　☐ 適合作音效

(七) 演奏型鐵琴

1. 樂器構造

鐵琴原名 Vibraphone，為金屬鍵盤打擊樂器。除鍵盤部分外，另有踏板及馬達等裝置。與鐘琴相較，鐵琴體積較龐大，音域較低，音色較溫柔，故亦較適合演奏抒情、柔和、旋律性強之樂曲，或擔任和聲方面的伴奏。

鐵琴上亦應避免以不包線之硬質琴棒敲擊。演奏時以單腳站立，另一腳控制踏板。踏板踩下時則所敲擊之琴音可發出。欲將該音清除時則放掉踏板，使與踏板連接之毛氈將琴音止住。

馬達為控制共鳴管上方扇葉之裝置，需插電方能使用。馬達開啟時則扇葉轉動，使鐵琴的餘音產生波動。可選擇扇葉轉動的快慢以營造所需之效果。不使用此音效時應將扇葉轉為直立，以免擋住共鳴管口，影響琴聲的品質。

圖 3-124　演奏型鐵琴演奏方式

2. 樂曲練習

（樂譜）

樂器聲響特性勾選表：

音頭：☐ 極清楚　　☐ 清楚　　　☐ 中等　　　☐ 不太清楚　　☐ 幾乎沒有

音長：☐ 極短　　　☐ 稍短　　　☐ 適中　　　☐ 稍長　　　　☐ 極長

音量：☐ 吵死了　　☐ 頗大聲　　☐ 適中　　　☐ 微弱　　　　☐ 幾乎聽不見

音域：☐ 偏高　　　☐ 偏中　　　☐ 偏低

其他特性：

　　　☐ 清脆　　　☐ 夢幻　　　☐ 活潑　　　☐ 可愛　　　☐ 輕快

　　　☐ 震撼　　　☐ 莊嚴　　　☐ 柔美　　　☐ 雄壯　　　☐ 溫馨

　　　☐ 有精神　　☐ 嘹亮　　　☐ 熱情　　　☐ 有趣　　　☐ 尖銳

我覺得這個樂器：

☐ 適合打大拍子　　☐ 適合打快節奏　　☐ 適合當主旋律

☐ 適合當伴奏　　☐ 適合作音效

五、打擊棒

打擊樂的世界中，打擊棒的選擇有時比樂器的學習還要複雜。本節介紹不同種類之打擊棒的特性，以及在一般情況下選擇以該種打擊棒敲打樂器的理由。需注意的是，有時同樣樂器可用不同打擊棒演奏。在這種情況下，最終仍要靠使用者判斷何者最符合當時的需求。

(一) 西洋小鼓棒

西洋小鼓棒為木製細長型鼓棒，主要為敲奏西洋小鼓用，亦可用來敲奏其他西洋鼓，例如中鼓、邦哥鼓、康加鼓等。有時亦用來敲擊木魚、木塊、鈴鼓、手鼓或牛鈴等小樂器。打爵士鼓時吊鈸亦以鼓棒敲擊。

小鼓棒一般而言以豆狀的棒頭敲擊樂器，但若需要比較厚實的音色時則可將鼓棒倒轉，以棒尾敲擊。

基本上選擇以西洋小鼓棒敲擊的理由為需要較硬質或明亮的音色。與未包線琴棒相比，則因重心較平均（未包線琴棒棒頭較重），在施力上比較容易，然而相對地，音色則比較單薄。

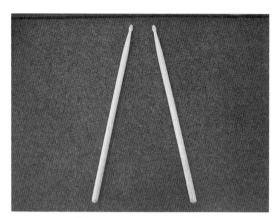

圖 3-125　西洋小鼓棒

㈡ 西洋大鼓棒

西洋大鼓棒爲包有毛氈狀軟材質，頭大柄細的大型打擊棒。其巨大的體積乃爲擊打大鼓時能有較大的接觸面積，以使得大鼓面能夠平均地振動。

因少有其他樂器具有相近大小的鼓面，故西洋大鼓棒一般而言只在敲奏大鼓時使用。

圖 3-126　西洋大鼓棒

(三) 中國小鼓棒

中國小鼓棒和西洋小鼓棒一樣，皆為木製細長型，但長度上要比西洋小鼓棒短。中國小鼓棒主要用來敲奏中國鼓，例如小堂鼓、扁鼓、花盆鼓與排鼓等。亦可用來敲奏木魚、木塊、鈴鼓、手鼓或牛鈴等小樂器。

中國小鼓棒與西洋小鼓棒相同，可將樂器敲出較硬質或明亮的音色。敲奏小樂器時，在選擇以中國小鼓棒或西洋小鼓棒之間，時常是為了鼓棒長度或重量的理由。中國鼓棒在使用上較為輕盈，適合動作小或較輕巧的演奏。然而相對地，若需要較大的音量，則西洋鼓棒較易做到。

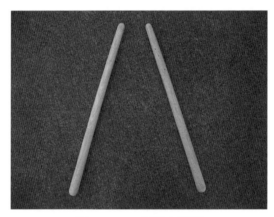

圖 3-127　中國小鼓棒

(四) 中國大鼓棒

中國大鼓棒粗大如桿麵棍，通常只使用於中國大鼓，例如獅鼓的演奏。即使如花盆鼓亦不適合以大鼓棒演奏，否則鼓框易受到損壞。

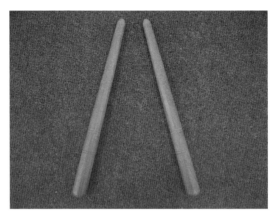

圖 3-128　中國大鼓棒

㈤ 中國大鑼棒

中國大鑼，例如泰來鑼或風鑼的打擊棒如同西洋大鼓棒，為一頭大柄細之大型棒子。所不同者，西洋大鼓棒之棒頭通常為毛氈狀的材質，而中國大鑼則為包布或毛線，偶為橡膠之材質。

中國大鑼棒通常只使用於中國大鑼的演奏，少用於其他樂器。

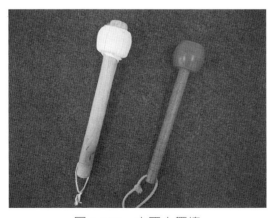

圖 3-129　中國大鑼棒

㈥ 中國小鑼棒與鑼片

中國小鑼棒爲中國大鑼棒之縮小版,棒頭或包有布質材料,或爲橡膠材質,偶爾視情況以包毛線之木琴棒代替。小鑼棒通常僅使用於小鑼的演奏,但需要時亦可借用於小樂器之演奏。此種情況以橡膠棒頭者爲多,包布棒頭則因太軟而少做此用途。

鑼片爲演奏京鑼之用,爲打擊棒中外觀與用法最特殊者。鑼片通常只使用於京鑼的演奏,少用於其他樂器。

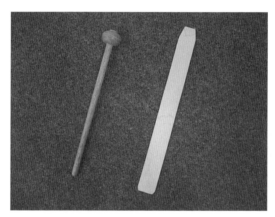

圖 3-130　中國小鑼棒及鑼片

㈦ 西洋琴棒

打擊棒中,可說以西洋琴棒最爲複雜。有無包線、包線材質,無包線者之棒頭材質、棒柄材質,以及無限分級的軟硬度,時常讓初學者無所適從。以下大致簡單介紹各種琴棒之特性以及其用途。

1. 無包線琴棒

無包線之琴棒硬度通常較包線琴棒硬。依棒頭材質可再細分如下:

(1) 塑膠

塑膠琴棒依塑膠種類亦分爲不同硬度，但通常皆屬偏硬之琴棒。塑膠琴棒可用於鐘琴、高音木琴、各種鼓類、木魚、木塊等需要較亮音色或較不易受傷害之樂器。

(2) 橡膠

橡膠琴棒一般而言較塑膠琴棒稍軟，可用於演奏鐘琴、奧福鐵琴、高音木琴、奧福木琴、木魚、木塊、牛鈴等樂器。

(3) 木頭

木頭琴棒在正式演奏中較爲少見，但在教學用樂器中則經常使用。雙頭木魚即使用木頭琴棒敲擊。較堅硬之木魚或木塊亦可以之演奏。

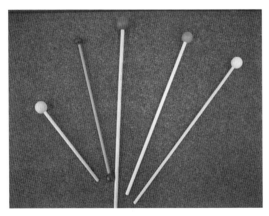

圖 3-131 末包線琴棒

2. 包線琴棒

包線琴棒一般而言較無包線琴棒軟。因爲外部具有包覆，因此可敲奏於較需保護或音色應較柔和之樂器。

硬度爲包線琴棒之首要考慮。硬度與包線之顏色，甚至與棒頭之大小無關。判斷硬度最直接且有效之方式爲將各組琴棒敲於同一樂器上並仔細

聆聽分辨其差異。琴棒外所包之線一般分為毛線和紗線。以初學者的需求而言，此二者差別不大。

　　包線琴棒通常用於馬林巴木琴（硬者適合敲奏高音域，軟者適合敲奏低音域）、高音木琴（需要夠硬者）、演奏型鐵琴。亦可用於演奏各種鼓類、木魚、木塊、牛鈴，以及吊鈸。

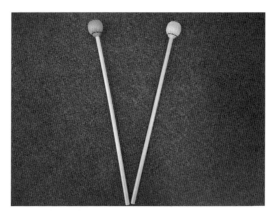

圖 3-132　包紗線琴棒

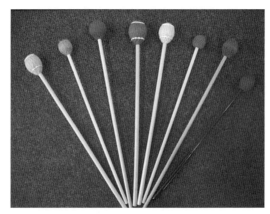

圖 3-133　包毛線琴棒

擊樂合奏

（本章曲目演奏請參照所附光碟）

一、中國民謠

茉莉花

汪雅婷 編曲

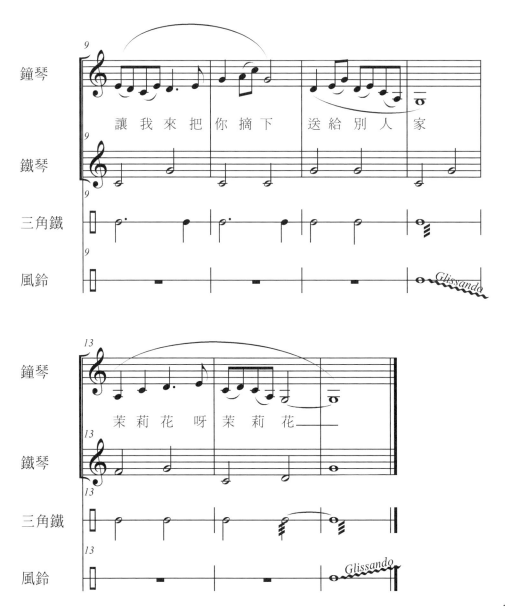

茉莉花

(一) 演奏注意事項

1. 本曲鍵盤樂器分為兩聲部。鐘琴為主旋律，可使用奧福鐘琴、演奏型鐘琴或行進用鐘琴；鐵琴為伴奏，可使用奧福鐵琴或演奏型鐵琴。樂譜上雖都以高音譜記號記譜，看起來部分鐵琴的音比鐘琴的音高，但實際演奏上鐘琴音高應比鐵琴高。

2. 三角鐵在本曲前半部分為以兩小節為單位之頑固節奏，自第 9 小節起方有變化。若學生無法記憶，則可從頭至尾皆以頑固節奏演奏，但最後一小節還是最好演奏輪音。

3. 風鈴僅在第 12 及 15 小節演奏。第 12 小節為音高向下進行的滑音，第 15 小節則相反，為音高向上進行的滑音。

(二) 編曲技巧解說

1. 本曲使用鐘琴、鐵琴、三角鐵及風鈴等金屬樂器，目的在配合樂曲優美歌唱性的風格。

2. 本曲打擊樂器中，三角鐵為節奏樂器，負責替樂團打拍子；風鈴則為音效樂器，營造清風吹拂而過的感覺。

紫竹調

汪雅婷 編曲

中板

直笛 / 三角鐵

一 根 紫竹 直 苗苗　送給寶寶做 管 簫

簫兒對正口　口兒對正簫　簫 中 吹 出　時 新 調

小 寶寶　伊滴伊滴學 會 了　小 寶寶

伊滴伊滴學 會 了

紫竹調

(一) 演奏注意事項

1. 主旋律之樂句以圓滑線標示。一條圓滑線內之音符應以一口氣吹完。

2. 配合本曲旋律之優美風格，三角鐵之演奏應儘量輕盈優雅。

(二) 編曲技巧解說

1. 本曲因歌詞講述吹奏管樂器之情景，故以直笛演奏。若無直笛，亦可以鐘琴代替。

2. 三角鐵之伴奏音型基本上為一小節中一長兩短之節奏（如第 5 小節），惟長樂句時為配合旋律而以兩小節為單位（如第 1-2 小節）。如此可兼顧音樂性以及背譜之實際需求。若學生無法記憶，可全部以第 5 小節之節奏演奏。

一根扁擔

汪雅婷 編曲

鐘琴　木琴　刮胡　木魚

楊　柳青來　花　兒　紅　吱　喀吱　喀

鐘琴　木琴　刮胡　木魚

啦啦啦啦蹦　唉嘿　嘿嘿　喲喝　呀

我 要 到 荆 州

一根扁擔

(一) 演奏注意事項

1. 木魚為頑固拍子，且為首先開始演奏者，故擔任決定速度以及維持樂團拍子穩定之角色。
2. 木魚有高低二音，可使用兩個大小不同的木魚或雙頭（高低）木魚。
3. 刮胡第一、二拍上有重音，故刮奏速度應快一些，音量才會夠強。第三、四拍則以輕鬆的速度及力道演奏即可，音值可比實際八分音符稍短，以製造俏皮的效果。
4. 鐘琴與木琴使用教學或演奏型樂器皆可。

(二) 編曲技巧解說

1. 本曲使用木魚及刮胡，目的在模仿鄉間動物聲響，例如牛蹄聲、馬蹄聲、青蛙叫聲、昆蟲叫聲等。
2. 木琴的伴奏為頑固節奏，且僅使用 G（sol）、D（re）二音，目的為方便學生記憶。其中 G 為主要音高，D 則只在主旋律為 D 之長音時才使用。若學生仍覺困難，可全部演奏 G 音高。

(三) 克難演奏法

若無木魚或刮胡等樂器，可使用口技取代：高低木魚可用彈舌加上改變口腔形狀達成；刮胡聲則可使學生模仿青蛙叫聲。

沙里洪巴

汪雅婷 編曲

擊樂合奏

嘿　　嘿　　嘿　　　拉　薩—　來　的

駱—駝—　客　呀　沙　　里　洪—巴

沙里洪巴

(一) 演奏注意事項

1. 木魚與中鼓皆有三個音高。若無足夠樂器而使用兩個音高，則可將樂譜上所記中音音高視為低音。若只使用一個音高，則按照譜上所記節奏演奏即可。

2. 木琴有高低音二聲部，由兩位演奏者負責。若無演奏型木琴，亦可使用教學型木琴或鐘琴。

3. 本曲有兩處應進行反覆：一為前奏處，即樂曲前兩小節；一為主題本身，即第一遍演奏至最後一小節後，應反覆回到第 3 小節再演奏一遍。

(二) 編曲技巧解說

1. 本曲使用手搖鈴及高低音木魚，目的為模仿駝鈴及駝蹄聲響。

2. 本曲使用中鼓，目的為模仿邊疆風光之氣氛。

3. 木琴低音聲部為旋律落在正拍上之音高，以方便記憶。

虹彩妹妹

汪雅婷 編曲

虹 彩 妹 妹 嗯咳 唉喲 長 得 好 那麼

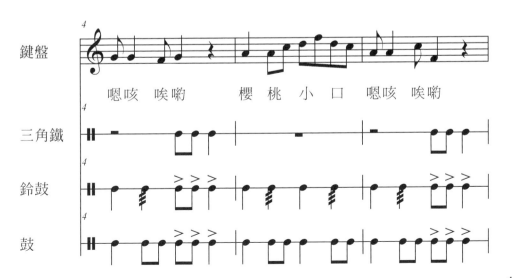

嗯咳 唉喲 櫻 桃 小 口 嗯咳 唉喲

一 點　點　那麼　嗯咳　唉喲

虹彩妹妹

(一) 演奏注意事項

1. 鍵盤可使用木琴或鐘琴。
2. 最後一小節之反覆記號表示本曲應演奏兩遍。
3. 主旋律每雙數小節皆有一切分音節奏，應特別注意。

(二) 編曲技巧解說

1. 本曲使用三角鐵及鈴鼓，目的為模仿小女孩輕靈活潑的姿態。
2. 本曲使用鼓類，目的為增加樂曲熱烈之氣氛。

數蛤蟆

汪雅婷　編曲

擊樂合奏

木琴

花兒梅子兮　水上漂

刮胡

木塊

中鼓

數蛤蟆

(一) 演奏注意事項

1. 中鼓有兩個音高，低音僅出現於最後一小節。此低音亦可以大鼓代替。
2. 刮胡與木塊在第 15-18 小節處有第三拍後半拍之節奏，應特別注意計算。
3. 木琴有高低音二聲部，由兩位演奏者負責。若無演奏型木琴，亦可使用教學型木琴或鐘琴，惟需注意伴奏之音高應較主旋律之音高為低。

(二) 編曲技巧解說

1. 本曲使用刮胡，目的為模仿蛤蟆之叫聲。
2. 本曲使用木塊，目的為增加樂曲俏皮之感。
3. 本曲使用中鼓，目的為模仿蛤蟆跳入水中之聲響。為增加此音效真實感，可在敲擊後，以手按壓鼓面，使鼓音升高，宛如物體落入水中之聲。惟應小心避免使用此技巧時影響節奏之準確性。
4. 本曲旋律由典型中國五聲音階（fa-sol-la-do-re）建構而成，因此以五聲音階中的音寫成伴奏聲部（fa,sol,do），基本上都應可相合。
5. 低音木琴的伴奏為頑固音型，以方便記憶。使用低－高－低－高之組合，目的為模仿蛤蟆跳躍之姿態。

鳳陽花鼓

汪雅婷 編曲

鍵盤

小堂鼓

小鈸

小鑼

鳳陽花鼓

(一) 演奏注意事項

1. 鍵盤樂器可用木琴或鐘琴演奏。
2. 第 3、5、7 小節有切分音節奏，應特別注意。
3. 本曲可加上舞蹈動作及隊形變化，使樂曲形象更加活潑。

(二) 編曲技巧解說

1. 節奏樂器的前二小節為配合歌詞（左手鑼，右手鼓）而編寫。
2. 節奏樂器大多數小節為頑固音型（如第 5-9 小節），但部分小節為配合主旋律而具有變化。若學生無法記憶，可皆演奏頑固音型。
3. 鍵盤樂器伴奏聲部為低音 C，目的乃為本曲之音域做一平衡。若無低音樂器，則可將之移高八度，以中央 C 演奏。

青春舞曲

汪雅婷 編曲

擊樂合奏

208

第 4 章 擊樂合奏

木琴 I

我 的 青 春 小 鳥 一 呀 不 回 來

木琴 II

三角鐵
鈴鼓

阿哥哥鈴

鼓

青春舞曲

(一) 演奏注意事項

1. 本曲的旋律（木琴 I）較爲複雜，難度亦較高，適合成年學生或教師演奏。亦可播放 CD，讓幼兒演奏節奏樂器。

2. 木琴 II 目的爲呼應木琴 I。若對演奏者而言太過複雜，可以全曲皆演奏第 13、14 小節之音型。若無低音域樂器，可移高八度至小型樂器演奏。

3. 三角鐵節奏基本上以兩小節爲一單位。若學生無法記憶，可全部演奏第 1 小節或第 2 小節之節奏，視學生程度而定。

4. 鈴鼓基本上皆爲固定節奏，然最後一小節之最後一拍僅演奏四分音符，以符合音樂結束之感覺。

5. 阿哥哥鈴與鼓於第二次加入，增加歡樂舞蹈之氣氛，但切勿掩蓋過主旋律的聲量。

6. 阿哥哥鈴之節奏基本上以兩小節爲單位。若對演奏者而言太過複雜，可全部以第 1 小節之節奏型態演奏。

7. 鼓的節奏型態以八分音符組成，速度較快。若對演奏者而言太過困難，可簡化成阿哥哥鈴的四分音符節奏。

(二) 編曲技巧解說

1. 本曲爲新疆民謠，故以木琴、鈴鼓、鼓等樂器模仿新疆風情。

2. 本曲使用多樣節奏樂器，且節奏較快，以營造歡樂熱鬧的氣氛。

二、臺灣民謠

火金姑

汪雅婷 編曲

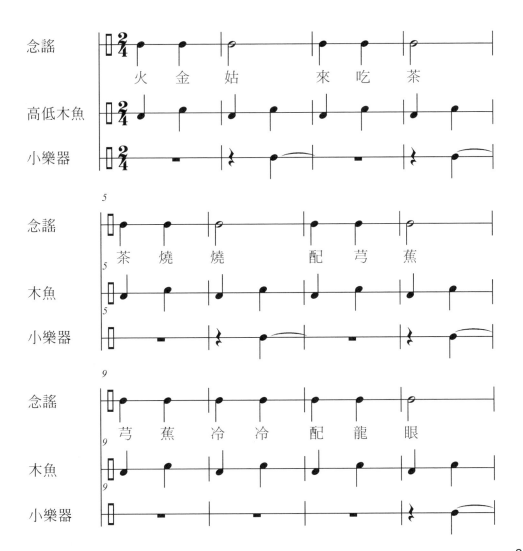

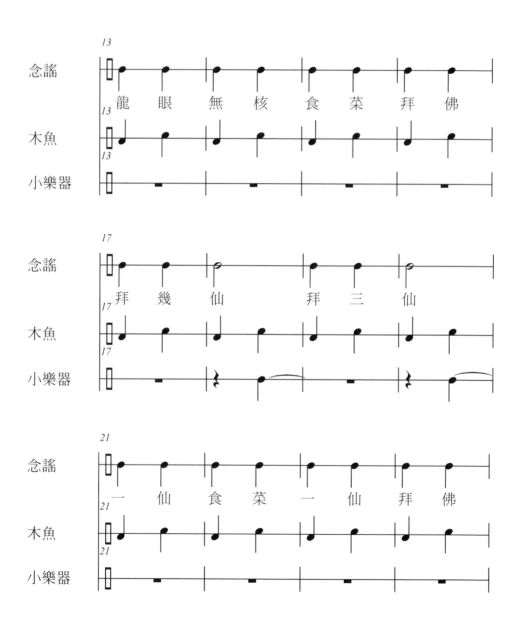

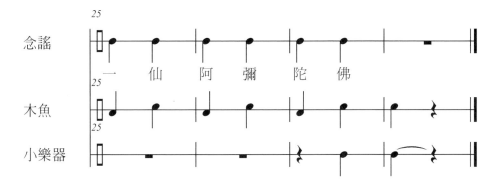

念謠　　一　仙　阿　彌　陀　佛

木魚

小樂器

擊樂合奏

火金姑

(一) 演奏注意事項

1. 本曲爲念謠，並無旋律，故歌詞依節奏念出即可。

2. 高低木魚依 2/4 的節拍，按低－高－低－高的順序從頭敲打至尾。若無高低木魚，可以單一木魚或響板代替。

3. 樂譜第三行之小樂器宜選用有長尾音且音色可愛者，例如中國鑼鈸、三角鐵、振盪器等。可以全曲僅使用單一種樂器，或多種樂器輪流使用，增加音色變化。

(二) 編曲技巧解說

1. 本曲之節奏伴奏部分以木魚爲主，主要爲營造古早鄉村純樸氣息，以及配合歌詞中「拜佛」、「阿彌陀佛」之詞句。

2. 本曲中使用小樂器製造音色點綴，目的爲增加樂曲之俏皮感。

丟丟銅仔

汪雅婷 編曲

# 第 4 章 擊樂合奏

第 4 章 擊樂合奏

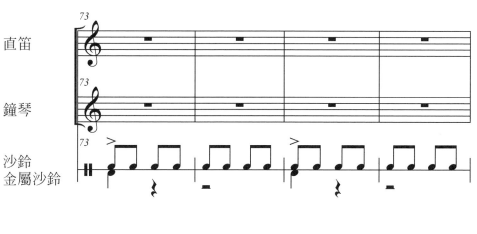

丟丟銅仔

(一) 演奏注意事項

1. 本樂譜為節省空間,將沙鈴與金屬沙鈴寫在同一行上。橫線以上符桿向上者為沙鈴,橫線以下符桿向下者為金屬沙鈴。

2. 本曲前奏由沙鈴首先進入,故此樂器為決定並維持樂團速度者。標有重音者應多加施力。若學生力氣不夠,可再加入另一聲部專門負責重音處的演奏,以增加該處的音量。

(二) 編曲技巧原理

1. 本曲看似既長且複雜,實際上乃按照一簡單模式編排而成:樂曲一開始音量較弱,隨著主旋律的一再反覆,音量逐漸增強,各樂器演奏之音符也越來越多。在最強音量之後,音量又逐漸減弱,各樂器演奏之音符也逐漸減少,最後歸於平靜。此編曲方式目的為模仿火車逐漸趨近,又逐漸遠離之聲響。

2. 本曲使用沙鈴與金屬沙鈴,目的在模仿火車行駛時之聲響。其中沙鈴從頭至尾為頑固節奏,惟加有重音之規則隨著樂曲的進行或有不同;金屬沙鈴則每一段之間稍有變化,基本上按照上述模式,音符逐漸增加,再逐漸減少之規則編排而成。

3. 本曲使用直笛之目的為模仿火車汽笛之聲響,尤其第 48-62 小節,直笛之功能完全為音效目的。

丟丟銅仔（續）

㈢ 克難演奏法

1. 若無沙鈴，可將容器內裝入沙子、米粒或豆類取代。

2. 若無金屬沙鈴，可用兩片砂紙互相摩擦取代。為演奏方便，建議將砂紙包覆於塊狀物之外，例如木塊或工匠使用之橡膠塊。亦可僅包覆一片砂紙，另一片貼於桌面或地板上，惟須注意膠帶是否會對表面造成損傷。

3. 若無直笛，則直笛旋律部分可以鐘琴取代。其汽笛音效部分（第 48-62 小節）則可以吹奏寶特瓶取代。

小米豐收歌

魏欣儀　編曲

中音木琴

低音木琴

沙鈴

手搖鈴

鼓

小米豐收歌

(一) 演奏注意事項

1. 鼓的聲部有兩個音高，可使用兩個不同音高的鼓演奏。
2. 沙鈴八分音符的節奏在此樂曲中扮演穩定節拍的角色，標有重音符號的地方須確實演奏。
3. 中音木琴的旋律有附點音符節奏，演奏時請注意附點音符節奏之準確。
4. 樂曲演奏至最後一小節時，從頭反覆再奏一次。
5. 最後一小節所有樂器應大聲並整齊一致地結束。
6. 可以搭配原住民舞蹈表演，使樂曲呈現更為豐富。

(二) 編曲技巧解說

1. 本曲使用沙鈴模仿篩小米的聲音，用鼓模仿木製杵臼搗小米的聲音，而手搖鈴象徵性地點出高興跳舞的情景，整曲充滿慶祝豐收、歡欣鼓舞的氣氛。
2. 除了中音木琴的聲部，其餘聲部皆為頑固節奏型態，易於演奏及記憶，非常適合幼兒演出。

採茶調

魏欣儀 編曲

擊樂合奏

採茶調

(一) 演奏注意事項

1. 鼓的聲部有兩個音高，可使用兩個不同音高的鼓演奏；聲音較低的鼓負責低音部，聲音較高的鼓負責高音部。
2. 中音木琴旋律部分有附點音符節奏，演奏時請注意附點音符節奏之準確。
3. 樂曲演奏至最後一小節時，從第 5 小節反覆再奏一次。
4. 本曲曲風輕快詼諧，演奏時儘量符合樂曲的感覺。

(二) 編曲技巧解說

1. 本曲使用沙鈴模仿蟬叫聲，刮胡模仿蛙鳴聲，營造出田園鄉野活潑純樸的氣氛。
2. 沙鈴、刮胡及鼓的聲部皆為頑固節奏伴奏，單一的節奏型態易學易記，適合幼兒演奏。
3. 樂曲開始如果所有聲部同時演奏會不容易掌握整齊度，故本曲一開始只有一個樂器，再一一加入其他樂器，可幫助樂曲開始的整齊度。

◎ 三、世界歌曲

再會冬天

魏欣儀 指導
李佩珊 黃秀鈺 莊倩雯 編曲

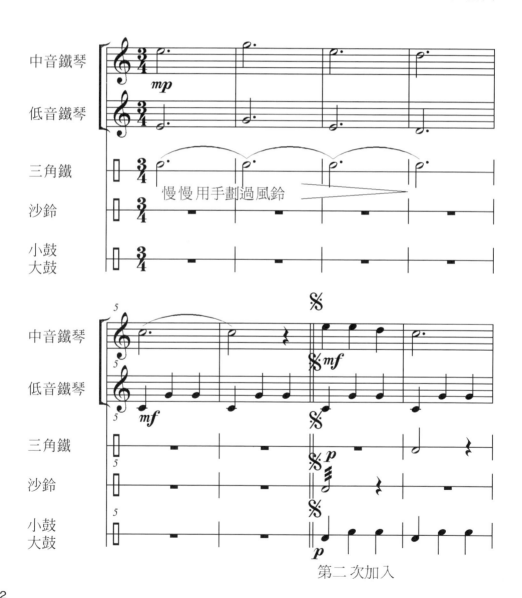

撃樂合奏

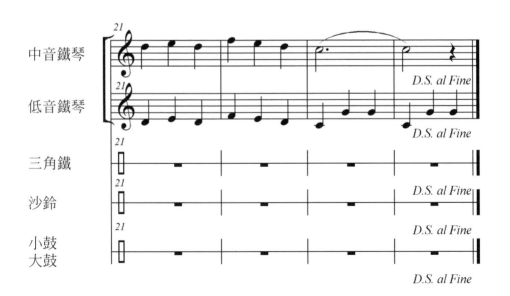

再會冬天

(一) 演奏注意事項

1. 三角鐵聲部的 1-4 小節為風鈴，因風鈴於本曲中僅出現這四小節，因此可與其他聲部合併記譜。風鈴可請人專門負責演奏，也可請一位三角鐵聲部的人幫忙演奏。風鈴在此曲的演奏要求為「用手指輕慢的劃過風鈴，共四小節 12 拍」。

2. 當樂曲演奏至 *D.S. al Fine* 處，從標示 𝄋 符號的地方（第 7 小節）反覆演奏至 *Fine*（第 18 小節）結束。

3. 小鼓與大鼓於反覆時加入，柔和輕奏，不要太大聲粗暴。

4. 本曲的音域狹窄，共 C、D、E、F、G 五音，易於演奏。

(二) 編曲技巧原理

1. 旋律與伴奏使用鐵琴可以製造抒情圓滑的效果。

2. 風鈴表現出寒冷冬天冷風颼颼的聲音。

3. 沙鈴模仿踩過乾枯葉子所發出的聲響，三角鐵模擬雪花飄落之情形。

4. 小鼓與大鼓的加入帶來了活力，彷彿冬天將盡而春天將至的喜悅。

甜蜜的家庭

魏欣儀 編曲

237

甜蜜的家庭

㈠ 演奏注意事項

1. 鐘琴聲部可由多人齊奏，但標示「Solo」的前奏部分由一個人演奏即可（也可由老師演奏）。第 5 小節的「Tutti」則代表齊奏，本聲部所有演奏者於第四拍上加入演奏。
2. 最後一音為延長音，老師可以手勢指示何時結束。
3. 主旋律（鐘琴）的附點四分音符節奏要正確，與伴奏配合時注意節奏穩定。
4. 本曲使用鐘琴演奏主旋律，請以較軟材質琴棒以突顯溫和氣氛。

㈡ 編曲技巧原理

1. 鐵琴演奏伴奏部分，使用其延音特性支撐和聲。
2. 伴奏為頑固節奏型態，易於記憶並演奏。

聖誕鈴聲 Jingle Bell

魏欣儀 編曲

242

擊樂合奏

聖誕鈴聲

㈠ 演奏注意事項

1. 反覆記號：前奏（第1、2小節）要反覆。反覆時手搖鈴的音量延續之前強度繼續漸強，而非回到 *p* 再重新漸強。

2. 手搖鈴從第19小節開始於第二、四拍敲奏，一、三拍休息，節奏要穩定。

3. 演奏時表達本曲歡樂喜氣的感覺，不要過於粗暴。

㈡ 編曲技巧原理

1. 使用鐘琴與鐵琴帶出雪花紛飛的銀色世界。

2. 手搖鈴模仿麋鹿的鈴鐺聲。前奏由弱漸強，代表麋鹿由遠至近奔跑而來。

3. 小鼓與大鼓加強歡樂氣氛，但不要太粗暴。

潑水歌

魏欣儀 編曲

擊樂合奏

潑水歌

(一) 演奏注意事項

1. 馬林巴木琴 I 與馬林巴木琴 II 可由不同演奏者演奏，也可由同一人演奏。若由同一人演奏，馬林巴木琴 II 第 1 至 12 小節雙音部分只演奏低音即可。

2. 若無演奏型木琴或馬林巴木琴，可以奧福高音或中音木琴代替木琴（主旋律），以奧福中音木琴代替馬林巴木琴 I，奧福低音木琴代替馬林巴木琴 II。

3. 本曲為 G 大調，F 要升，請以 F♯ 鍵替換原來的 F 鍵。

4. 第 7 小節主旋律切分音節奏要正確穩定。

5. 第 13 小節起，鈴鼓左右搖晃，搖晃速度正好為八分音符。

(二) 編曲技巧原理

1. 鈴鼓節奏模仿潑水聲，小鼓及大鼓製造歡樂的氣氛。

2. 使用木琴演奏主旋律，取其明亮輕快的音色，呼應本曲精神。

古老的大鐘

魏欣儀　編曲

古老的大鐘

(一) 演奏注意事項

1. 本曲難度較高，適合老師或幼保系學生演奏。若幼兒要表演，可演奏三角鐵、高低木魚部分，搭配老師或 CD 一起演奏。
2. 鍵盤 I、II、III 可用鐘琴、鐵琴或鋼琴自行搭配演奏。
3. 反覆記號：樂曲演奏至「1」，從第 25 小節反覆，略過「1」直接跳到「2」結束。
3. 鍵盤 I、II 第 5 小節的連節線節奏要正確演奏。
4. 請依照力度、表情術語演奏。

(二) 編曲技巧原理

1. 三角鐵表示鐘聲，高低木魚表示秒針走動的聲音。
2. 為了配合樂曲如歌般（Cantabile）的氣氛，鍵盤 II、III 伴奏型態較為和緩，多數為二分音符長度支撐和聲。

四、演奏曲

藍色多瑙河

魏欣儀 指導
耿令敏 錢雅芸 莊倍慎 編曲

260

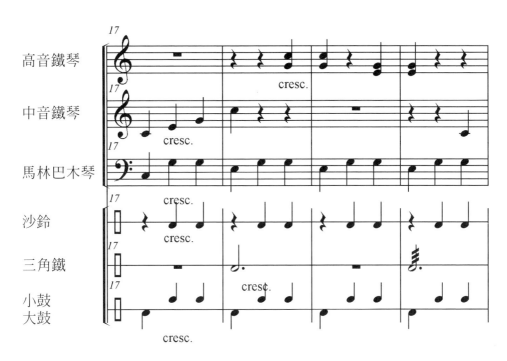

高音鐵琴
中音鐵琴
馬林巴木琴
沙鈴
三角鐵
小鼓
大鼓

高音鐵琴
中音鐵琴
馬林巴木琴
沙鈴
三角鐵
小鼓
大鼓

藍色多瑙河

㈠ 演奏注意事項

1. 第 1 小節 *rit.* 漸慢速度，第 2 小節 *a tempo* 恢復原速。
2. 主旋律由高音鐵琴與中音鐵琴共同演奏，配合度要好。
3. 樂曲從第 17 小節開始漸強（*cresc.*），第 25 小節開始爲全曲最熱鬧的部分，保持大聲至結束。
4. 因樂曲有升記號，需加上另一升記號之鍵盤一起組合演奏。

㈡ 編曲技巧原理

1. 高音鐵琴與中音鐵琴有延音的特性可使主旋律圓滑。
2. 沙鈴模仿流水聲，三角鐵表示河水在太陽照射下的波光粼粼。
3. 本曲主旋律音域範圍廣，爲了便於演奏與記譜，將主旋律分由不同音域之樂器演奏。
4. 伴奏爲頑固節奏型態，易於記憶並演奏。

將軍令（男兒當自強）

汪雅婷 編曲

第 4 章 擊樂合奏

265

鐘琴

高音木琴

馬林巴木琴 I

馬林巴木琴 II

中國小堂鼓

中國大鼓

中國小鑼
風鑼

將軍令（男兒當自強）

(一) 演奏注意事項

1. 本曲結構較複雜，技巧亦較困難，可由成年學生或教師演奏。

2. 馬林巴木琴有高低音兩聲部，分別由兩人負責演奏。

3. 旋律性樂器（鐘琴、高音木琴及馬林巴木琴）皆應儘量以雙手交替演奏。部分情況下可允許單手連敲兩次（雙擊）以利身體的左右移動或避免雙手的交叉。高音木琴及馬林巴第一聲部之音符較為繁複，可先以慢速度練習，並小心檢視棒法的編排是否令手部動作順暢，再逐漸加快速度。

4. 若無馬林巴木琴，可以奧福木琴代替，然以低音域者為佳。

5. 大鼓聲部上以圓形符頭記譜者為擊打鼓面（正常打法）；以打叉符號記譜者為擊打鼓框。兩者寫在同一符桿上時表示一手擊打鼓面，另一手擊打鼓框。

(二) 編曲技巧原理

1. 本曲鐘琴為主旋律，高音木琴則以連續八分音符加強主旋律之音響。馬林巴第一聲部基本上亦同，另在鐘琴為長音時還有相對之應答樂句。馬林巴第二聲部則為低音伴奏功能。

2. 本曲以鼓類及鑼類樂器營造樂曲雄壯熱血的氣勢。

3. 小堂鼓第 3 小節第一拍之節奏為典型中國鼓樂節奏，可增加樂曲積極向前之感覺。

金蛇狂舞

汪雅婷 編曲

撃樂合奏

金蛇狂舞

(一) 演奏注意事項

1. 本曲較爲複雜，難度亦較高，適合成年學生或教師演奏。

2. 本曲在第 15 及 27 小節有節拍的變化。節拍變化處僅小節中拍數不同，拍速本身則應保持不變。

3. 馬林巴木琴有高、低兩聲部，分別由兩位演奏者負責。

4. 高音木琴與馬林巴木琴 I 所演奏之音符相同，目的爲增加主旋律的音量及豐富其音色。若無此二樂器則可用教學型樂器代替，使用鐘琴亦可，惟需注意主旋律之音高應較伴奏爲高。

5. 馬林巴木琴 II 部分小節有譜號變化，應特別注意。

6. 本曲反覆方式：從頭演奏至「一房」結束（第 38 小節）後，回到第 5 小節，再由第 5 小節繼續演奏至第 36 小節，接著跳至「二房」（第 39 小節），再演奏至樂曲結束。

(二) 編曲技巧原理

1. 本曲爲中國傳統樂曲，故使用中國打擊樂器。

2. 馬林巴木琴 II 之伴奏音高以 D（re）與 G（so）爲主，其他音符則基本上爲主旋律落在正拍上之音高，以方便記憶。

愛的鼓樂

汪雅婷 作曲

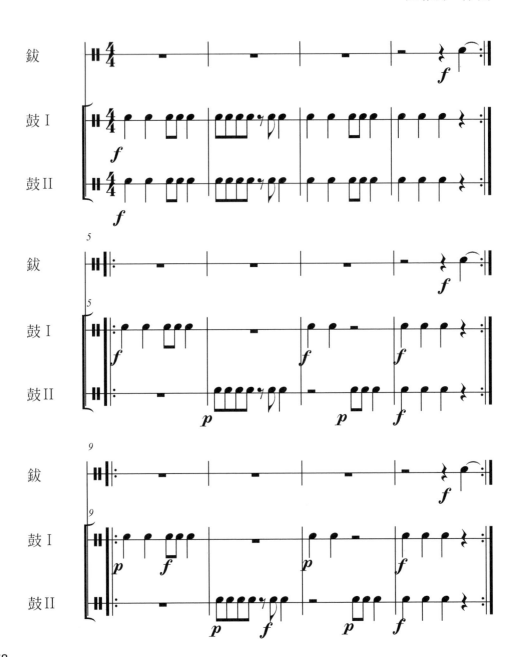

愛的鼓樂

(一) 演奏注意事項

1. 本曲為三聲部之合奏曲。第一部為鈸，可用西洋吊鈸、中國小鈸或中國小鑼；第二、三部為鼓，可使用任何鼓類，且兩個聲部可依需要或條件選擇相同或不同種類的鼓。

2. 鈸音之後若有一開放之連結線，表示應讓餘音持續，不需止音，如第 4、8、12 小節等。若無開放之連結線，則必須依照休止符止音，如第 21 至 23 小節等。

3. 鼓的節奏部分基本上每一行皆相同，主要需注意的是音量的變化以及兩聲部間齊奏或對話的關係。

4. 各鼓聲部在休止符處可以姿勢或動作填補聲音上的空白，並增加表演性。

5. 若鼓樂部分無法分兩聲部演奏，可併為一聲部作齊奏。

我的身體我的歌

汪雅婷　作曲

我的身體我的歌

(一) 演奏注意事項

1. 本曲以三線譜記譜。如譜最左方所示，最上方的線代表拍手，中間線代表拍腿，最下方的線代表踏腳。

2. 踏腳部分可依需要或學生程度以單腳踏或雙腳跳之方式演奏。

3. 本譜每一行皆記有反覆記號，然可依需要或學生程度決定是否反覆以及反覆次數。

4. 每一行最後一拍有一喊聲。譜上所記為「嘿」，然可依喜好或需要使用任何聲音呼喊。

5. 演奏時可視需要作音量變化。

6. 本曲不需整首演完，教師可依學生程度決定於何行結束。

7. 本曲可獨奏、齊奏，或以「行」為單位作卡農合奏。

(二) 編曲技巧原理

1. 本曲依行列順序由易至難。第一行僅為拍手，第二行加入拍腿，第三行為拍手及踏腳，第四行起為三種技巧之混合。

2. 承上，前四行雖然技巧愈趨複雜，但節奏上則維持相同，以免學生混亂。第五行起雖然在節奏上亦有變化，但仍是以原節奏型態為主，依序加入新音符。如此循序漸進，目的為讓學生可以逐步挑戰新的節奏，避免樂曲一下子太過複雜造成學習上的挫折。

3. 此曲僅為身體打擊樂之一例。教師們可依以上提示之技巧，利用不同身體部位（例如拍胸口、拍肚子、拍臀部、手掌摩擦、彈指等）及節奏變化，自行創作符合教學需求之樂曲。

5
Chapter

創意樂器好好玩

 一、創意樂器敲奏

　　創意樂器是指非現成的樂器，通常是日常所見隨手可得的物品，將其敲奏出聲響，來作爲樂器。我們的身體，也是最天然的創意樂器，拍打不同的身體部位，像是彈指、拍手、拍肚子、踏腳等，會呈現不同的聲響，可稱之爲身體樂器。

【練習】

1. 請先以拍手敲奏出下面的節奏。

2. 請將 ♩ 二分音符以拍大腿的方式敲奏，其他維持拍手，可以聽到兩種不同的音色。

3. 現在，請將 ♫ 八分音符以彈指方式敲奏，♩ 二分音符維持拍大腿敲奏，♩ 四分音符維持拍手，一共有三種音色，交織出不同高低及響度的聲音層次，讓原本平凡的節奏聽起來更豐富。

4. 請找出三種不同的身體敲奏聲響（儘量避免使用範例的彈指、拍手和拍大腿），套入上面的節奏，仔細聆聽不同音色爲此節奏帶來的不同變化。

　　生活中亦有很多能發出聲響的物品，適合來當作敲奏的樂器。舉凡教室內的課桌椅、書本、鉛筆盒、清掃用具；操場的籃球、羽球、棒球；餐廳的鍋碗瓢盆等，皆可以拿來當作創意的樂器呢！

圖 5-1

圖 5-2

圖 5-3

　　此外，敲奏物品不同的位置或是用不同的媒介敲奏，也會產生不同的音色。以水桶為例，敲水桶的側邊或水桶的底部，會有不一樣的音色；用刷子敲和用拳頭敲，亦有不同的音色。有些音頻較高、有些音頻較低，有些音色較沉重、有些音色較清亮。請想想看，哪些物品可以發出聲響，並且能發出幾種不同的音色呢？

【練習】

　　請找出三個物品，並各自找出五種不同的敲奏方式、敲奏位置，記錄產生的音色特性。

　　現在我們瞭解創意樂器的操作，善用不同的物品及音色，就能展現出豐富並具有創意性的表演。以下為精彩的影片，可以至網路上搜尋觀看，

欣賞各種創意樂器的呈現。

　　電影：「歌喉讚」第一集的杯子歌（Cup Song）

　　電影：「噪反城市」Sound of Noise 或是 Music for One Apartment
　　　　　and Six Drummers

　　Youtube：Stomp Out Loud（破銅爛鐵敲著玩）

二、創意樂器合奏編排

　　現今有許多創意的樂器表演，是以生活中隨手可得的物品，來當作表演的樂器；將這些「樂器」經過精心的編排設計，讓音色聲響和諧地組合搭配，有時亦穿插故事情境，成為好看又好聽的表演。電影「歌喉讚」第一集中的杯子歌橋段，運用隨手可得的杯子作為節奏伴奏樂器，令人印象深刻，在 Youtube 網站搜尋 Cup Song，可看到許多教學影片，甚至延伸不同的版本。本節將介紹如何編排創意樂器的表演。

　　創意樂器合奏的編排設計可分為以下步驟：

(一) 創意樂器的選擇

　　可選擇單一物品或多樣物品，例如杯子歌就是以單一物品來編排，而韓國著名的亂打秀則以廚房為場景，樂器的選擇便有鍋碗瓢盆及菜刀等多樣物品。

(二) 設計節奏

　　可設計簡短的節奏，之後再藉由齊奏、輪奏、疊奏或卡農等編排方式，讓簡單的節奏延伸擴張。因為節奏設計的簡短不複雜，敲奏時容易記憶，初學者都能輕易上手，搭配下面的「合奏編排方式」，營造出聲部關係能讓簡單的節奏變化出藝術性。

(三) 搭配音色

以不同方式及不同媒介敲奏選擇的樂器，仔細聆聽不同音色的變化，並記錄音色的特性；然後將設計的節奏搭配不同音色，可多嘗試不同組合，找到最喜歡的版本。

(四) 合奏編排方式

1. 齊奏

全體一起演奏。

2. 輪奏

成員可分成小組或聲部輪流敲奏，每組或聲部一至數人不等。

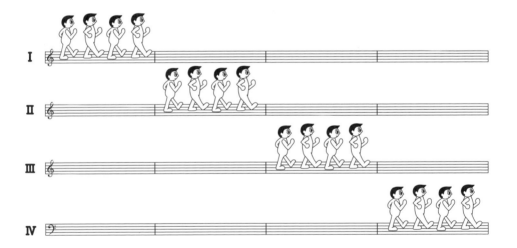

3. 重奏

成員分為不同的聲部，各聲部有自己的旋律及節奏，彼此和諧地一起演奏。可以二至多個聲部同時演奏，也可輪流替換不同組合。

4. 疊奏（淡入奏）

分成小組或聲部，每組或各聲部以堆疊的方式加入，例如第一組先敲奏，然後第二組加進來時第一組繼續敲奏，第三組加入後，第一和二組繼續敲奏，以此類推，會營造出音量聲勢愈來愈強的氛圍。與輪奏不同為，輪奏是一組接一組輪流演奏，不會同時有兩組敲奏，但是疊奏會愈來愈多組同時敲奏。

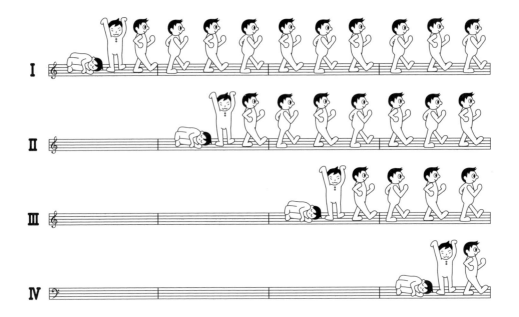

5. 淡出奏

　　跟疊奏相反，在大家合奏時，各組陸續退出，會營造音量聲勢愈來愈弱的氛圍，海頓的告別交響曲運用類似的手法創作。

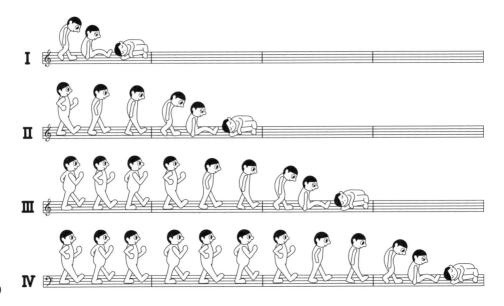

6. 卡農（CANON）

卡農是一種作曲手法，相同旋律在各聲部以一定的間距出現，因為旋律交錯自然形成和聲，將本來只有單聲部的旋律，形成多聲部的效果。帕海貝爾的卡農，就是以此手法創作的。

7. 對奏

像是 BATTLE 對戰的形式，敲奏的內容互相呼應，像在對話一般，操作方式可以設計說白節奏來作為敲奏內容，例如：

妥善運用以上這些編排方式，可以讓簡單的節奏型態，衍生轉變為豐富的內容。

(五) 練習範例

1. 單一樂器不同旋律 —— 以手鼓爲例

(1) 每位同學設計一個八拍的節奏，可以運用敲鼓面、鼓邊及摩擦鼓面等不同音色，例如：

敲鼓面　　　敲鼓邊　　　敲鼓面　　　摩擦

(2) 四位同學一起，每人代表一個聲部，敲奏自己設計的節奏，於是有四個聲部以及四個各自設計的節奏，以前述七種編排方式

逐一練習。

2. 單一樂器相同旋律 —— 以杯子歌爲例

⑴ 杯子歌是個簡單的節奏型態。

⑵ 加入不同的音色變化，例如敲杯底、拿杯、放杯、手拍杯口、
杯底敲桌面以及拍手等，讓這簡單的節奏有了高低聲響的層次
感（請上網搜尋杯子歌或 Cup Song 的教學）。

⑶ 應用七種編排方式，將同學分成四組，可以一起齊奏，也可以
每組漸層加入，營造漸強的氛圍；或是用卡農的方式，每組間
隔一段時間加入，自然形成和聲效果，音響層次更爲豐富。中
間可讓各組自創 8 拍的節奏，輪流做獨奏 Solo 表現，也可以
Battle 擂台對戰的方式，讓各組尬樂器，增添緊湊性。亦可加
入換杯子的橋段，增加視覺效果，讓表演更完整。

⑷ 編排範例
請照以下的順序，不間斷的演奏：
～開始～
疊奏（杯子歌節奏，每組敲奏一次，依序堆疊加入）
→齊奏四次
＋過門（可用「愛的鼓勵」當作過門）

→輪奏＊＊（各組設計一個 8 拍節奏，每組敲兩次，第 1 組→第
4 組依序輪流）

→重奏＊＊（同輪奏的節奏，1 和 3 組一起敲奏四次，接著 2 和 4
　組一起敲奏四次）
＋過門（可用「愛的鼓勵」當作過門）

→齊奏四次
→消失奏（第 1 組→第 4 組依序消失）

～結束～
＊＊除了輪奏及重奏爲各組設計的 8 拍節奏，其餘皆敲奏杯子歌
節奏

◎ 三、創意擊樂教案

　　對各項樂器有了認識以後，教師除了可以帶領幼兒擊樂合奏，亦可以
利用一些創意的方式，讓演奏融入在一般教學中，讓音樂更生活化，也更
有讓教師及幼兒自我發揮的空間。以下列舉三個創意擊樂教案，提供教師
參考。

㈠ 小小配音師

　　打擊樂器有許多特殊音色，非常適合作爲講故事時的音效搭配。整合
第三章樂器介紹中每項樂器的「樂器聲響特性勾選表」，可引導幼兒尋找
恰當的樂器音色，以簡單的演奏方式爲故事作出音效，以激發幼兒的想像
力，訓練從感覺及發想延伸至樂器的操作，並能參與故事表演的進行，增
加幼兒對故事情境的感受力。

活動名稱	小小配音師	活動性質	用擊樂樂器為故事配音效
活動時間	40 分鐘	活動地點	音樂教室,地板教室為佳

教學目標	認知:能掌握不同樂器的音色特性,找到適當的配音素材。 情意:能感受故事情境,發揮創意為故事增色。 技能:能操作各式打擊樂器,並配合故事線演奏。
課程目標	美 -2-1 發揮想像並進行個人獨特的創作 美 -3-1 樂於接觸多元的藝術創作,回應個人的感受 語 -2-3 敘說生活經驗
學習指標	美 - 大 -2-1-1 玩索各種藝術媒介,發揮想像並享受自我表現的樂趣 美 - 大 -3-1-1 樂於接觸視覺藝術、音樂或戲劇等創作表現,回應個人的感受 語 - 大 -2-3-1 建構包含事件開端、過程、結局與個人觀點的經驗敘說
器材需求	不同類型之打擊樂器(小型樂器較易操作),例如:鼓類、金屬類、沙鈴類、木塊類、風鈴類、鍵盤類等。
活動設計	1. 幼兒圍坐一圈,教師將樂器置於圓內。　　　　　　　　　　　　5min 2. 教師介紹各項樂器,並引導幼兒聯想樂器所發聲音,有什麼感覺、像什麼聲音、像什麼動作、有什麼情緒等。　　　10min 3. 教師讓第一位幼兒挑選樂器,演奏一小段節奏或聲響,並請該幼兒依此段聲響之性質編說一段情節(例如大力撥動風鈴,說出「今天一早就吹著很大的風」)。　　　　　　2min 4. 依序讓下一位幼兒操作樂器發聲,並依此聲響繼續發展故事。　　　　　　　　　　　　　　　　　　　　　　　　20min 5. 教師視接龍情形將故事收尾。　　　　　　　　　　　　　　3min
預期效果	1. 學生參與創作過程,獲得成就感。 2. 學生對於音色的想像更有畫面感及故事感。

* 注意事項

1. 活動進行方式,可由操作樂器之幼兒自行編說故事情節,或一名幼兒以樂器出題,另一名以故事情節回應。後者難度較高,視幼兒程度決定採用何種規則進行活動。

2. 因幼兒年齡小，且目的在啓發學生想像力，可不必太要求故事邏輯性。

3. 教師應在過程中觀察幼兒在配音上的運用是否太過單一，可適時提示以不同方式運用音效。

4. 幼兒對樂器聲響的掌握足夠熟練後，可反向操作，由幼兒尋找適當聲響爲現有故事配音。此種方式難度較高。

(二) 樂器創意演奏競賽

從第三章樂器介紹中，我們可以發現有些單一擊樂器可以用不同的演奏法，發出多種不同的音色。本教材所列舉的演奏法及音色爲正式演奏中所常用的。除此之外，小朋友們可以再想出更有趣、更搞怪、更有創意的音色嗎？

活動名稱	樂器創意演奏競賽	活動性質	在單一樂器上不斷發現新音色
活動時間	30 分鐘	活動地點	音樂教室
教學目標	認知：理解不同演奏法與其相應音色之關係。 情意：激發幼兒的創意，並從中獲得樂趣。 技能：能使用不同演奏法以改變音色。		
課程目標	美 -2-2 運用各種形式的藝術媒介進行創作 社 -2-2 同理他人，並與他人互動		
學習指標	美 - 中 -2-2-3 以哼唱、打擊樂器或身體動作反應聽到的旋律或節奏 社 - 中 -2-2-3 依據活動的程序與他人共同進行活動		
器材需求	由教師選定樂器（以能發出多種音色者爲佳），依分組數分配樂器數量給各組。		

活動設計	1. 教師先設計幼兒須遵循之固定節奏（例如 p.141 獅鼓的樂曲練習），以及可改變之拍點（例如其第 1, 2 及 4 小節的第四拍，打鼓框喊「哈！」之處）。	課前
	2. 將幼兒分組並分配樂器。	5min
	3. 教師說明規則，包括	5min
	⑴ 各組依何順序（如順時針或逆時針）進行。	
	⑵ 各組依此順序輪流演奏固定節奏，每回必須在可改變之拍點演奏新的音色，不得重複。	
	⑶ 接力中間延遲多久算不通過（以流暢不間斷為佳，但可依幼兒年齡或程度給予空間）。	
	⑷ 多少次犯規（含重複及延遲）算出局。	
	⑸ 獲勝者產生方式。	
	⑹ 處罰方式（以音樂性及娛樂性為佳）等。	15min
	4. 正式進行競賽。	5min
	5. 教師總結：鼓勵與（娛樂性）處罰。	
預期效果	1. 幼兒在同儕良性競爭的氛圍下激發創意與潛能。	
	2. 幼兒學會與同組夥伴共同完成任務。	
	3. 幼兒操作過程中，對於樂器的各種音色及演奏法印象更為深刻。	

＊ 注意事項

1. 教師可開放幼兒使用樂器外之聲音，例如拍手、踏腳、不同的呼喊等，讓幼兒有更多聲音素材可以利用。

2. 本遊戲牽涉到樂器、打擊棒、空間及人數的分配，教師可依情境與條件自行應變。

(三) 生活小物即興接龍

音樂其實活躍在生活每一處，只待我們用心發現。利用生活小物也可以作音樂，甚至比樂器演奏更有趣。讓我們來試試看，如何用音樂巧思，讓背包裡的心愛物品唱起歌來吧！

擊樂合奏

活動名稱	生活小物即興接龍	活動性質	用生活物品創作音樂
活動時間	30 分鐘	活動地點	音樂教室，地板教室為佳

教學目標	認知：能有組織音色及節奏的基本能力。 情意：能自由發揮音樂感，即興創作。 技能：能設法用生活物品發出具有音樂性的聲音。
課程目標	美 -1-2 運用五官感受生活環境中各種形式的美 美 -2-1 發揮想像並進行個人獨特的創作
學習指標	美 - 小 -1-2-2 探索生活環境中各種聲音 美 - 小 -2-1-1 享受玩索各種藝術媒介的樂趣
器材需求	幼兒個人物品數件（以三件為佳）
活動設計	1. 讓幼兒自行從背包中選出三件物品作為樂器。教師可檢查物品是否能發出足夠大之聲音，以及音色是否有所區別。 5min 2. 幼兒圍坐一圈，將自己的三件物品置於面前。 2min 3. 依幼兒年齡及程度之不同，教師可制訂不同難度之規則。例如完全自由或須依循拍子；每人演奏時間長度；用何種方式作為前一人演奏結束輪到下一人的訊號等等。 3min 4. 由教師開始演奏以作為示範，建議儘量有趣、有創意、表情及動作誇張，並放下對音樂的嚴謹要求。 2min 5. 幼兒依教師所訂順序（如順時針或逆時針）依次完成個人即興。 15min 6. 教師總結對幼兒的觀察，並鼓勵幼兒展現的創意。 3min
預期效果	1. 幼兒能自由發揮自我，感到非常開心。 2. 幼兒體驗「玩音樂」的樂趣，感到更喜親近音樂。 3. 在互相觀摩及良性競爭的氛圍下，幼兒能欣賞同儕的表現，對彼此更有接納度與包容心。

* 注意事項

1. 活動進行中，應確保秩序的維持，每位幼兒都要能安靜觀察同儕的即興表演。

2. 每位幼兒結束即興後，教師應立即以不干擾音樂進行的方式，給予幼兒正向回饋。

附　　錄

附錄一 音樂術語補充

除了力度與速度術語，還有一些常見的術語，整理如下：

術語	意義
animanto	有精神的、生氣蓬勃的
cantabile	如歌的
dolce	溫柔的
espressivo	有表情的
legato	圓滑的
marcato	清晰的
passionato	熱情的
spiritoso（*con spirito*）	有精神的
solo	獨奏
tutti	齊奏
meno	少些……、不那麼……
molto	很……、十分……
poco	稍微……、一點點……

附錄二　打擊樂器中英文對照表

中文	英文
三角鐵	Triangle
小鼓	Snare Drum
小鈸	Chinese Crash Cymbals
大鼓	Bass Drum
牛鈴	Cowbell
手搖鈴	Hand Jingle Bells
手鼓	Hand Drum
木魚	Temple Block
木塊	Wood Block
中鼓	Tom Tom
吊鈸	Suspended Cymbal
沙鈴	Maracas
邦哥鼓	Bongos
阿哥哥鈴	Agogo Bell
金屬沙鈴	Cabasa
非洲鼓	Djembe
京鑼	Chinese Opera Gong
刮胡	Guiro
風鈴	Mark Tree
風鑼	Wind Gong
高音木琴	Xylophone
振盪器	Vibraslap
馬林巴木琴	Marimba
泰來鑼	Tam Tam
康加鼓	Conga
堂鼓	Chinese Tom Tom
鈴鼓	Tambourine
獅鼓	Lion Drum

中文	英文
辣齒	Rachet
銅鈸	Crash Cymbals
爵士鼓	Drum Set
雙頭木魚	Double-pitched Woodblock
鐘琴	Glockenspiel
鐵琴	Vibraphone
響木	Claves
響板	Castanet

國家圖書館出版品預行編目資料

幼兒擊樂合奏／魏欣儀,汪雅婷著. --二版. --
臺北市:五南圖書出版股份有限公司,2022.03
　　面;　　　公分

ISBN 978-626-317-566-2（平裝附光碟片）

1.CST:打擊樂　2.CST:音樂教學法
3.CST:學前教育

523.23　　　　　　　　　111000637

1IST

幼兒擊樂合奏

作　　　者 — 魏欣儀(408.5)、汪雅婷

發 行 人 — 楊榮川

總 經 理 — 楊士清

總 編 輯 — 楊秀麗

副總編輯 — 黃文瓊

責任編輯 — 黃淑真、李敏華

封面設計 — 王麗娟

內文插畫 — 洪嘉勵、曾淑泓、魏欣如

出 版 者 — 五南圖書出版股份有限公司

地　　　址:106臺北市大安區和平東路二段339號4樓

電　　　話:(02)2705-5066　傳　　　真:(02)2706-6100

網　　　址:https://www.wunan.com.tw

電子郵件:wunan@wunan.com.tw

劃撥帳號:01068953

戶　　　名:五南圖書出版股份有限公司

法律顧問　林勝安律師事務所　林勝安律師

出版日期　2008年 3 月初版一刷（共六刷）
　　　　　2022年 3 月二版一刷

定　　　價　新臺幣420元

經典永恆・名著常在

五十週年的獻禮 —— 經典名著文庫

五南，五十年了，半個世紀，人生旅程的一大半，走過來了。
思索著，邁向百年的未來歷程，能為知識界、文化學術界作些什麼？
在速食文化的生態下，有什麼值得讓人雋永品味的？

歷代經典・當今名著，經過時間的洗禮，千錘百鍊，流傳至今，光芒耀人；
不僅使我們能領悟前人的智慧，同時也增深加廣我們思考的深度與視野。
我們決心投入巨資，有計畫的系統梳選，成立「經典名著文庫」，
希望收入古今中外思想性的、充滿睿智與獨見的經典、名著。
這是一項理想性的、永續性的巨大出版工程。
不在意讀者的眾寡，只考慮它的學術價值，力求完整展現先哲思想的軌跡；
為知識界開啟一片智慧之窗，營造一座百花綻放的世界文明公園，
任君遨遊、取菁吸蜜、嘉惠學子！